国家智库报告 2017(41)
National Think Tank
社会·政法

京津冀协同发展背景下首都立法问题研究

刘小妹　编著

RESEARCH ON CAPITAL LEGISLATION AGAINST THE BACKGROUND OF COORDINATED DEVELOPMENT OF THE BEIJING-TIANJIN-HEBEI REGION

中国社会科学出版社

图书在版编目(CIP)数据

京津冀协同发展背景下首都立法问题研究/刘小妹编著.—北京：中国社会科学出版社，2017.10

（国家智库报告）

ISBN 978-7-5203-1327-8

Ⅰ.①京… Ⅱ.①刘… Ⅲ.①地方法规—立法—研究—华北地区 Ⅳ.①D927.200.0

中国版本图书馆CIP数据核字（2017）第262905号

出 版 人	赵剑英
项目统筹	王 茵
责任编辑	喻 苗
责任校对	杨 林
责任印制	李寡寡

出　　版	中国社会科学出版社
社　　址	北京鼓楼西大街甲158号
邮　　编	100720
网　　址	http://www.csspw.cn
发 行 部	010-84083685
门 市 部	010-84029450
经　　销	新华书店及其他书店

印刷装订	北京君升印刷有限公司
版　　次	2017年10月第1版
印　　次	2017年10月第1次印刷
开　　本	787×1092 1/16
印　　张	9.75
插　　页	2
字　　数	105千字
定　　价	36.00元

凡购买中国社会科学出版社图书，如有质量问题请与本社营销中心联系调换
电话：010-84083683
版权所有　侵权必究

课题组负责人: 刘小妹

课题组成员: 翟国强　李　霞　戴瑞君　金玉珍
　　　　　　　王帅一

摘要： 首都是一个承载国家政权中枢功能的区域政治实体，它的功能定位、建设管理是一个国家政治生活中的重要内容，也是一个重要的宪法法律问题。新中国成立以来，北京的首都功能经过60余年的演变与拓展，确立了全国政治中心、文化中心、国际交往中心、科技创新中心的新功能定位，并将非首都功能的疏解纳入京津冀协同发展规划。本报告借鉴日本、韩国、美国、加拿大、澳大利亚等国家的首都立法经验，立足京津冀协同发展的实际和实践，提出了比"首都经济圈"涵盖范围更广的"首都圈"概念，并从首都城市发展规模以及首都功能定位与布局的视角，对"首都圈"的机构设置与职权职责进行研究；阐述和分析了首都功能定位和功能实现立法保障的作用和机制，并从国家立法、首都立法和地方立法这三个立法主体、三个立法层次，提出适应首都功能实现和京津冀协同发展的立法架构。本报告建议将京津冀协同立法纳入首都立法体系中的"首都圈管理法"，并将京津冀城市规划内容纳入立法，规定首都区域划分、首都圈的概念和地域范围、首都圈建设的主要目标、首都圈管理规划以及首都圈管理的体制机制、组织机构、职权职责和运行程序，以立法来保障首都功能实现和非首都功能的有序疏解。

关键词： 首都功能；首都立法；首都圈；京津冀；协同立法

Abstract: The capital city is the regional political entity that carries the functions of the center of state power of the country. The functional orientation and the management of the construction of the capital city is an important content of the political life of the country, as well as an important constitutional and legal issue. Today, the capital functional orientation of Beijing, after over 60 years of evolution and expansion since the founding of the People's Republic of China, has been established as the political center, the cultural center, the international exchange center and the scientific and technological innovation centre of China, with functions non-essential to Beijing's role as the capital city being relocated and incorporated into the plan for the coordinated development of the Beijing-Tianjin-Hebei region. This report, drawing on the experiences of capital legislation of such countries as Japan, South Korea, US, Canada and Australia and basing on the reality and practice of coordinated development of the Beijing-Tianjin-Hebei region, puts forward the concept of "the capital circle", which has broader coverage than the concept of "the capital economic circle", carries out research on the institutional setup and related competences and responsibilities of "the capital circle" from the perspectives of the scale of urban development, the functional orientation and the layout of the capital city, expounds and analyzes the role and mechanism of legislative guarantee in the functional orientation and the realization of the functions of the capital city, and puts forward a legislative framework conducive to the realization of capital functions of Beijing and the coordinated development of the Beijing-Tianjin-Hebei region from the perspective of three subjects or levels of legislation, namely national legislation, capital legislation and local legislation. The report proposes that China incorporate the legislation on the coordinated development of the Beijing-Tianjin-Hebei region into the "law on the administration of the capital circle" in the capital legislative system and the content of the urban planning for Beijing, Tianjin and Hebei into relevant legislation, providing for such matters as the administrative division of the capital, the concept and geographic scope of the capital circle, the main objectives of the construction of the capital circle, the planning for the management of the capital circle, as well as the institutional mechanism, organizational structure, competences and responsibilities, and operational procedure of the management of the capital city, so as to guarantee through legislation the realization of capital functions and the orderly relocation of functions non-essential to Beijing's role as the capital city.

Key Words: functions of the capital city, capital legislation, the capital circle, the Beijing-Tianjin-Hebei region, coordinated legislation

目　录

引　言 …………………………………………（1）

一　首都功能定位及其历史沿革 ………………（6）
　（一）首都功能定位概述 ………………………（6）
　（二）北京建都史及其功能定位的
　　　　历史脉络 …………………………………（11）
　（三）新中国首都功能的演变与拓展 …………（23）

二　首都"四个中心"功能定位与京津冀协同
　　发展规划 ……………………………………（37）
　（一）首都"四个中心"功能的提出 ……………（37）
　（二）非首都功能疏解与京津冀协同
　　　　发展规划 …………………………………（51）

三　立法在保障首都功能战略转型和京津冀
　　协同发展中的作用 …………………………（59）
　（一）明确首都的法律地位 ……………………（60）

（二）规定首都的功能 …………………………（62）
　　（三）维护首都的稳定和发展 …………………（71）

四　国外首都与首都圈立法的基本体例 …………（72）
　　（一）"首都特区"、"首都圈"的概念和
　　　　内涵 ………………………………………（72）
　　（二）机构设置与职权 …………………………（76）
　　（三）中央（联邦）与首都的事权划分 …………（82）
　　（四）首都立法的主要内容 ……………………（92）

五　关于首都功能定位和京津冀协调发展的
　　政策和法律分析 ………………………………（103）
　　（一）首都的区域范围和区域区分 ……………（103）
　　（二）首都功能定位与京津冀协同发展的
　　　　政策依据 …………………………………（105）
　　（三）首都功能定位与京津冀协同发展的
　　　　法律问题 …………………………………（110）

六　适应首都功能实现和京津冀协同
　　发展的立法架构 ………………………………（117）
　　（一）国家立法保障 ……………………………（117）
　　（二）地方立法保障 ……………………………（136）

引　言

2015年4月30日，中共中央政治局召开会议，审议通过《京津冀协同发展规划纲要》。该纲要指出，推动京津冀协同发展是一个重大国家战略，核心是有序疏解北京非首都功能，要在京津冀交通一体化、生态环境保护、产业升级转移等重点领域率先取得突破。这意味着，经过一年多的准备，京津冀协同发展的顶层设计基本完成，推动实施这一战略的总体方针已经明确。

在京津冀都市圈规划和发展的大布局中，主导或参与京津冀规划的不仅有两市一省本身，国家发改委、住建部等部门和有关单位也各有其主导的相关规划。由此，新的总体规划的管理和实施必须从中央的层面设置机构，界定职权职责，在顶层设计上、组织机构上保障北京首都功能定位与疏解的有序实现。一方面，一个跨省市的发展区域的立法体制、权限、程序机制如何确立是一个亟须研究的重大问题。特别是党的十八届四中全会关于全面推进依法治国的《决定》提出，重大改革决策要坚持立法先行，京津冀协同发展背景下的立法问题具有重要的指导价值和实际意义。另一方面，京津冀协同发展是与首都核心功能定位与非首都功能疏解相关联的，由此京津冀协同发展的立法问题也应当置于首都建设和发展的语境与目标之下。

因此，京津冀协同发展的立法问题不仅是一个地方立法问题，更是一个超越一般行政区划的"首都立法"问题。即京津冀协同发展背景下的地方立法，不是《宪法》《立法法》和《地方组织法》所构建的"统一、分层次"[①]的立法制度中的一种地方立法类型，不是一般意义上的地方立法，也没有明确的宪法法律依据。具体来说，京津冀协同发展的相关立法有三个方面的独特性，使其在全国的立法体制中都是独一无二的：

第一，北京、天津和河北是互不隶属、彼此独立、相互平行的三个省级行政单位，各自拥有独立的地方立法权。京、津、冀作为三个独立的省级地方，《京津冀协同发展规划纲要》所面临的立法问题就不同于一个省内跨市的协同发展立法问题，比如《珠江三角洲

---

① 杨景宇：《关于立法法和监督法的几个问题》，《北京人大》2013年第6期。

地区改革发展规划纲要》《长江三角洲城市群发展规划》等，因此广东省为推动珠三角地区科学发展提供法律保障而先行先试制定《广东省实施珠江三角洲地区改革发展规划纲要保障条例》的经验，并不能完全回应京津冀协同发展中的立法现实与需求。

第二，北京既是首都又是直辖市。《宪法》第138条规定："中华人民共和国首都是北京。"为了疏解非首都功能，解决北京"大城市病"带来的系列问题，中共中央政治局审议通过《京津冀协同发展规划纲要》，又将北京置于京津冀区域中协同发展。因此，北京的城市定位有三个面向：一是作为首都的北京。作为首都的北京，要区分并同时保障北京的首都功能和直辖市职能，厘清中央首都职权与北京市地方政权的关系。二是京津冀协同发展框架中的北京。京津冀协同发展是在保障首都核心功能实现和非首都功能疏解的国家战略布局中提出的，因此京津冀协同发展规划必须具有足够的权威性、刚性和合法性，来保障规划在各个地方的实施。三是作为直辖市的北京。北京是中央党政机关、部队的驻地，中央机构的正常运转、首都功能的实际实现都依赖于北京市政府的保障措施和落实情况。实践中，北京市地方政府要承担保障首都功能实现的职责，小到交通治理，大到规划决策，都需要不同于一般省、直辖市的事权。

第三，京津冀协同发展是以首都核心功能实现和非首都功能疏解为目标和重心，不同于长三角、珠三角城市群发展的价值取向。与此对应，关于京津冀协同发展的立法也应该以首都及京津冀城市的功能定位和功能实现为重点。城市的功能定位和功能实现主要通过城市规划来引导、建设和管理，因此在关于京津冀协同发展的立法中，城市规划应是一项重要内容。

在一定意义上，京津冀协同发展实质上就是为了在更大的空间范畴解决首都功能定位和功能实现的问题。社会、媒体和文件为描述和界定这样的"跨区域合作"，相继提出了"京津冀一体化""首都经济圈""首都特区""大北京特区""畿辅新区"等概念，但现行法律和总体规划在这方面却缺乏一个相应的法律概念和法律机制，来指引、规范和保障"跨区域合作"的推进。为此，本报告结合日本、韩国、美国、英国、加拿大、澳大利亚、越南等国家的首都立法经验，立足京津冀协同发展的实际和实践，提出了比"首都经济圈"涵盖范围更广的"首都圈"概念，并从首都城市发展规模与布局以及首都功能定位的视角，对"首都圈"的机构设置与职权职责进行研究，并从国家立法、北京首都立法和京津冀地方立法这三个立法主体、三个立法层次，提出保障首都功能实现和京津冀协同发展的立法架构。

北京首都功能战略转型要有针对性地解决城市发展中凸显的矛盾和问题，也应该在全面推进依法治国的时代背景下，以法治思维和法治方式保障首都核心功能的实现和京津冀的协同发展，而完善立法正是法治建设的首要环节。目前关于首都立法、京津冀首都圈立法的立法体制机制、立法事权应该怎样设置，以及这些立法与京津冀的地方立法之间是什么关系，如何协调和衔接等，这些都缺乏深入的研究。国外关于首都的立法，特别是加拿大、澳大利亚、日本、韩国关于首都以及首都圈规划和发展的立法和研究成果比较丰富，但国内法学界对这些立法和研究成果的介绍和研究尚不充分。因此，本报告的研究立足于首都功能定位和功能实现的立法保障、京津冀协同发展的立法指引和规范，以及北京市保障首都功能方面的地方立法事权等理论和现实问题，既对跨行政区域的立法问题、首都和首都圈的立法问题进行开拓性研究，又配合首都功能定位和功能疏解的发展规划、服务于京津冀协同发展的需要，对首都功能实现与城市发展立法、首都圈立法和北京市地方立法开展应用对策研究。

一　首都功能定位及其历史沿革

（一）首都功能定位概述

1. 首都的基本概念

首都是首都城市（Capital City）这一复合名词的缩略词。从词义上讲，"首"即是"头"之意，英文中的"Capital"则来源于拉丁文中的"Capitalis"，词根为"caput"（头），具有"居于首位的""起首要作用"的含义。德语中的"haupstadt"的词根"haupt"也同样意为头部，具有同样的解释和来源。而"City"则无须多言，它源于拉丁文 civitas，是城市、城邦之意。

首都城市首先是城市，但又绝不能和城市简单地画等号。城市实际上是由团体的人所形成的有一定秩序的有组织社区，为人们的生产生活提供一定的社会空间；首都则首先是一个政治概念，是一个具有极强的政治内涵的国家政权中枢。首都对国家政权范围内的公民和社会生活影响极大，在一定程度上体现了其代表的政治内容在全国范围内的影响。这包含两个方面的内容：一是影响力的全局性，区别于区域中心的影响局限于一定区域，首都的影响力是全国的；二是影响力的政治性，即首都的影响力依托于行政关系所决定的政治关系，同时又服务于政治关系的建立与维持。首都是一个承载国家政治中枢功能的区域政治实体，它的功能定位、建设管理是一个国家政治生活的重要内容。在政治发展要求法治保驾护航的今天，首都问题也是一个重要的宪法、法律问题。我国《宪法》第138条明确规定了"中华人民共和国首都是北京"。

从历史发展的视角看，古代社会的首都是以帝王为核心的统治集团的根据地，是其政治、军事及消费中心；而现代社会的首都城市则是中央国家机关的所在地、民族国家政治与精神凝聚力的中心，通常为国家的政治中心、文化中心、国际交往中心，在有的国家也是经济中心、科技中心，是集中展示国家物质文明与精神文明建设成就的窗口。

2. 首都的特征

首都是国家最高政权机关所在地，是国家政治管理与权力的中心。这种中心地位一般是由国家最高权力机关决定、公布，立法机关颁布法律确立其法律地位，并由国家行政机关负责规划建设与具体功能设计、实现。正如人们常常以北京、华盛顿（Washington District of Columbia）、巴黎（Paris，Ville de Paris）、东京（Tokyo，とうきょう，トウキョウ）作为中国、美国、法国、日本及其中央政府的代名词一样，首都首先传达的便是国家政权的各个方面的象征之意。

美国政治学家阿尔蒙德和鲍威尔用政治输出来衡量政治体系的实际作为，并将其概括为"提取、分配、管制与象征"①，这一理论框架亦适用于对首都政治管理功能的分析。从"提取、分配"的角度看，首都以其压倒性的政治优势提取全国的资源，是对国家各种资源，包括政治资源、经济资源、文化资源等，进行提取与分配的最重要的中心。从"管制"的角度看，首都同国家的政治统治和权力紧密连接。首都的"管制"性质最充分地体现为国家赋予其在政治、经济等方面的决策控制功能，且这种基于主权的控制是对国家版图全域的控制，这是首都最本质的特征。从"象征"的角度看，首都具有强烈的政治象征意义，承载

---

① 参见［美］加布里埃尔·A. 阿尔蒙德、小 G. 宾厄姆·鲍威尔：《比较政治学——体系、过程和政策》，曹沛霖、郑世平、公婷、陈峰译，东方出版社 2007 年版，第 299 页。

着国家认同和民族感情，起着维系国家稳定和统一的纽带作用。

3. 首都功能的定位问题

从一国的领域中选择甚至新建一个城市作为首都城市，依靠政治力量赋予其政治地位，并从法律制度上保障它特定的性质、地位，设计和建设其功能，是一个重要的政治问题。无论是在传统社会还是现代社会，首都的功能定位问题都是关系到国家发展的重大问题。因此，首都的确立通常需要由最高国家权力机关决定，并由宪法予以载明。

首都功能定位并非是一成不变的，而是随着经济社会发展而不断发展变化。从总体上看，变化的大趋势是首都功能的不断叠加。社会随着劳动分工的发展而复杂化，一个城市需要增加功能的种类，以满足人们对生活居住环境的功能性需求，而首都作为国家政治中心，既要有一般城市的基本功能，又不可能仅满足于一般城市的功能定位。

首都的核心功能定位，是指反映首都本质的起主导作用的国家政权和全域管理功能，即国家政权通过各种政治制度、设施与行为，实现对国家治理的功能，其中就包括了政治功能、卫戍功能、国际交往功能。而所谓叠加功能，是指首都城市基于不同的历史文化传统与需要，在核心功能以外逐步叠加上去的其他功能，比如文化功能与经济功能。

从一般与特殊的关系来看，核心功能是首都城市之所以被称为首都应当具备的共同特征，叠加功能是反映不同首都城市的差异性的功能。就首都的经济功能而言，无可否认任何一个现代城市相对来说都是一个经济中心，首都作为一个城市也必然在一定范围内具备经济中心的功能。例如，明清时期的京师北京，成为华北地区甚至北方的经济中心是伴随北京成为全国首都而自然发展的过程。在全面深化改革的新时代，首都的经济功能并不一定必然包含全国性的经济中心这一内容，但也不能否认其自然生长为区域性经济中心的客观现实。首都功能的定位是一个"计划"的问题，而其功能定位的实现则是一个"市场"的问题。一个国家的首都到底集成了哪些功能，是与一个国家的国情与政治生态息息相关的。

此外，首都功能的发挥需要一定的"功能承载设施系统"，即为保障首都各种功能实现所提供的基础性或服务性设施。伴随着全球化、信息化与知识社会的到来，首都功能将发展到一个新的历史阶段。21世纪是城市文明高度发展的世纪，经济全球化使国家间与地区间的合作交流随之增加，城市发展市场化和功能多元化的趋势将更加明显，首都的功能定位与功能实现将是一个充满挑战而富有意义的问题。

（二）北京建都史及其功能定位的历史脉络

1. 引论

北京位于我国华北平原的北端，地处东北平原、蒙古高原、华北平原三个不同自然地理单元的交会部。由西南而来的太行山脉，层峦叠嶂，绵亘数百公里；燕山山脉屏障其间，崇山峻岭，巍峨壮丽；其东南便是辽阔的华北平原。北京南可接中原，直达江淮，东临渤海湾；海河水系的北运河、大清河、永定河、子牙河、南运河等，形成了一个巨大的扇形水系，汇流天津而东注渤海。正是在这样的地理条件下孕育了北京城。

北京城的地理位置，决定了其在中国历史上的军事、政治、经济、文化地位。辽时作为陪都，金、元、明、清连续四代，直至中华民国北京政府和新中国的首都，800多年建都史经久不衰，一脉相承。北京曾是农耕民族与游牧民族对抗的重要军事据点，同时也是各民族共生共存、交流融合的中心，在多民族统一国家的形成过程中，北京的地位举足轻重。

一般认为，北京的建都史分为三个时期：前都城时期，是指北京在辽成为陪都前的历史，北京是华北地区的重要军事据点，了解这段历史对我们了解之后北京成为真正意义上的首都起着铺垫作用；过渡时期，在北京城的发展史上，辽代（916—1125年）和金代（1115—1234年）是其向全国政治中心过渡的重要时期，在全国政治中心由西向东，再由南往北的转移过程中，辽的南京城和金的中都城，是古老的燕地蓟城从北方的一个军事重镇走向全国政治中心的重要过渡；全国首都时期，随着蒙古的兴起，统治者放弃莲花池水系历代相沿的城池，新建规模宏大的大都城，北京城市发展进入了新的时期，这一新篇章开启后，明清两代仍定都北京。长时段的历史记忆，使北京成为中国首都的同义词，其地位堪比中国历史上辉煌的长安城。

2. 前都城时期

"蓟"作为一个地域名词首先出现在《礼记·乐记》的记载中："武王克殷反商，未及下车，而封黄帝之后于蓟。"周武王在消灭殷商势力后，分封黄帝的后代于蓟。"蓟"既是西周分封在北方的一个诸侯国名，也是其都城之名。北京建城史可最早追溯到西周初年。

《史记·货殖列传》载："夫燕亦渤、碣之间一都会也,南通齐、赵,东北边胡,北临乌桓、夫馀,东绾秽貉、朝鲜、真番之利……有鱼盐枣粟之饶。"作为联络中原汉族与东北游牧部族的纽带,蓟城(因其作为燕国故地,后世也称其为"燕京"或"燕")在北方的重要经济、政治地位在这寥寥数语中跃然纸上。

隋唐时期,蓟城在我国北方的军事地位十分突出。隋的涿郡和唐的幽州都以蓟城为治所,因此蓟城又被称为涿郡或幽州。当中原王朝势力强大时,便开始利用蓟城作为基地向东北地区进行征讨。随着运河的开通,蓟城可以更加便捷地获得南方地区的物资,蓟城的军事地位愈加突出。而在中原王朝势力衰微或政局动荡的时候,北方游牧民族伺机而动,蓟城又成为重要的军事防御重镇,从另一方面展现了其军事重镇地位。

3. 辽代:作为陪都的"南京"

在北京的城市发展史上,辽代(916—1125年)的"南京城"和金代(1115—1234年)的"中都城"是相当重要的过渡时期。因为正是从这时开始,北京从一个北方军事重镇向政治、经济、文化中心转变,拉开了北京作为全国性首都地位的序幕。

辽金两代都是北方游牧民族南下实现对中原地区的控制后,在包括现华北和东北的广大区域内建立的政权，其都城"南京城"和"中都城"也与这样的王朝或者说政权的命运与特点紧密联系。小区域中心的蓟城因此地位上升，在华北和东北的广大领域中发挥着重要的政治中心作用，并从一个北方门户逐步发展为代替中国历史前期的关中长安城及其他传统中原都城，从一个北方门户发展为具有全国影响力的行政中心。

契丹人建立的"南京城"是辽代五京（上京临潢府、中京大定府、东京辽阳府、南京析津府、西京大同府）中经济、文化最发达的城市。当时的"南京"是辽朝人口数量最多、规模最大，也最为繁华的城市，远超过作为首府的上京，为日后其逐渐发展成为真正意义上的政治中心奠定了极好的基础。同时，由于当时辽朝皇帝经常在"南京"活动，包括宋、高丽、西夏各国使节也都在这里活动，"南京"逐渐成为外交中心和文化交流中心。

辽代的"南京"与唐代的幽州在城市形态和城市规模上变化并不明显，但是城市性质发生了根本性的转变。辽朝的扩张让其势力范围不再受到长城的限制，南可达今河北北部拒马河一带。这样的政治形势直接促成了北京战略地位的转变，从前述的中原王朝用以防范北方游牧民族的军事重镇变为新兴的北方民族政权进入中原后经营的重要城市，反向成为其继续侵略中原的重要战略前哨，也促成了北京的快速发展。

4. 金代：首次作为国家首都的"中都"

当辽朝与北宋结成"澶渊之盟"，沿着塘泺一线南北对峙的时候，活动于东北松花江流域的一个号称"女真"的民族日益强盛起来。在其不堪辽朝统治者的压迫后，励精图治，不断增强自身实力，最终通过军事手段开始反抗契丹人统治，并于1115年建立国号为"金"的政权，到1122年金已取得了辽的大部分国土，并进一步扩展，南部边境甚至超越辽朝扩张到了淮河一线。这样一来，统治范围包括东北、华北、中原的金朝已经俨然让华北成为其统治的核心地区，都城会宁府（位于今黑龙江省阿城市）在地理上已不再适合对帝国新的庞大疆域进行有效统治。此时辽朝作为陪都的"南京城"连接后方与前线的重要地位便得以凸显，迁都"燕京"势在必行。

相对于辽朝设"南京"，金朝以首都为定位的规划和建设让城市规模发生了重大改变。1151年金朝统治者完颜亮命梁汉臣、孔彦舟等人在"南京城"的基础上扩建新都。据史书记载，扩建工程所役使的民夫、工匠达80余万之多，兵士达40万之多，在付出了巨大的代价后建成了新都。最终于1153年完成迁都，改之前习惯称呼的"燕京"为"中都",开启了北京作为首都的历史。

金中都城既是在北京原始聚落的旧址上发展起来的最后一座大城,同时又是向全国政治中心过渡的关键。在北京城市的发展历史上起到了承上启下的作用。

基于首都的定位,中都城并非是沿袭旧日的燕京城,而是要取代北宋京都汴梁城的地位。因此,在建城时也参照汴梁城的规制,进行了大规模的城市改造和扩建。北宋的都城建设是为了突出皇权的至高无上地位,摒弃了过去皇城偏倚都城一角或一方的设计,而让其位于都城中心。辽朝在建设"南京城"时仍将皇城建设在城市的西南角,金朝则在此基础上分别向东和南两个方向扩展,最终实现了皇城位居于都城的正中央,首都亦成为全国的政治中心。

在中国古都的发展史上,西安是从先秦时期到唐代为止的全国性政治、文化中心,历时数千年。金中都正是趁宋都汴梁破败的时机,将全国政治中心从西安迁移到北京,开启了北京作为政治、文化中心的历史。金中都的总体格局为元大都、明清的北京城提供了示范,为元、明、清三代大一统的王朝定鼎于此奠定了极佳的基础。此外,首都位于北京极大地促进了民族融合,将"全国"的概念进一步扩大,对于中国日后发展成为统一的多民族国家起到了关键作用。

5. 元代：作为国际大都市的"大都"

在12、13世纪之交，中国北方的又一个游牧民族——蒙古的势力日益强大，在成吉思汗建立政权后完成了各部落的统一并对金朝发起进攻，最终占领并摧毁了金中都。随后，1260年蒙古统治者决定在金中都城的东北郊外选择新址，建设一座新都，以满足完全占领中国后的统治需要。元大都在1274年建成。

元大都的兴建又不同于金中都的建设。在北京城的营建历史中，从最初的燕都蓟城，辽朝南京城，一直到金代的中都城，都位于现北京城的西南部，莲花池以东的地区。其实是在同一个原始聚落的基础上，依托着莲花池水系的供水，逐渐发展壮大。尽管城市的范围不断扩大，城市面貌发生变化，最重要的是城市的性质和政治地位的巨大变化，但其原来的城址始终没有改变。而元大都的兴建，却放弃了旧址，选择在新址上重建新城。一座城市的发展程度要看其服务的对象与目的，大都城是为满足其作为一个覆盖全中国的统治中心而建，其城市规模必然要数倍于此前的"南京""中都"，只有规模更大的高粱河水系才能承载，这是因应都城建设客观需求而作的选址改变。

大都城作为元代的政治中心，集中了从中央到地方的各级官僚机构。这些机构大致可以分为三大部分：一是中央官僚机构，主要有中书省、枢密院、御史台及其下属机构；二是皇家贵族机构；三是大都地区的地方行政机构。因皇权与政治的紧密相连，元大都的太庙等皇家礼制建筑作为国家礼制的表达，是都城文化的典型特征。政治中心的确定，又使其文化中心的功能逐渐形成，一批批文化界人士会集于此，并很快成为这里的常住居民。由于元朝统治者对于各种不同的宗教派别采取了兼容并包的宗教政策，以及元大都作为全国的政治中心和文化中心，这里既有佛教和道教宗派，也有从青藏高原传入的藏传佛教，刚刚进入都城的伊斯兰教和基督教，还有蒙古统治者一直信奉的原始宗教——萨满教等，大都城也成为全国的宗教活动中心。此外，得益于元朝极大的版图和空前的影响力，大都成为横跨欧亚的蒙古大帝国的文化中心和国际交往中心，并发展成为国际性商贸中心。

6. 明代：政治、军事地位并重的京师

元朝末年，在混乱中不断增强实力的朱元璋很快占领了江南半壁江山，并于1367年出师北伐，1368年进攻元大都，逼迫元朝统治者北撤至蒙古高原，形成对峙，已经被改称为北平的元大都曾经的军事重镇色彩又得到凸显。为了加强防守，北平进行了大规模的

改建。朱棣夺取帝位后，明王朝面对的主要危险仍然是来自塞外的蒙古贵族残余势力，为了更加有效地抗击蒙古人的南袭，并进一步控制东北地区，从而实现维护全国的统一，朱棣积极谋划迁都北平。

1403年他升北平为北京，改北平府为顺天府，改变了北平仅是军事重镇的地位，加强了其政治功能，并开始了营造北京城这个未来都城的艰巨工程。新建的北京城在选址上并未有所改变，基本上是在元大都的基础上进行的营建，但其首都的特点得到了更充分的展现，皇城规模更大，更加富丽堂皇，为皇权服务的皇家园林建设也远超元大都的水平。朱棣迁都北京对于明朝来说是政治中心与军事中心统为一体的重要措施。从历史发展的角度看，明朝继续建都北京也为此后清王朝的振兴，乃至今日北京的昌盛、发展，奠定了基础。从全民族的利益看，是长久统一全国、控扼南北的必要之举。

明代朝廷衙署改变了元代分散设置的布局，大部分簇拥在中轴线左右。重要机关大部分分布在承天门的T字形宫廷广场的千步廊墙外，按文东武西分列左右。衙署是国家实现统治的职能机构，朝廷并未授予部门自行建造的权力，而是统一规划，按照等级分别修建。衙署的集中规划与使用体现了政治管理能力的提升，皇权得到不断巩固与加强，而北京城作为政治中心的功能也得到了淋漓尽致的体现。

　　明朝的北京城无疑也是全国的思想中心，是国家意识形态的策源地。以儒家为纲的思想集中表现形式就是尊崇礼制，可以说礼制是明朝政治制度、思想体系、社会制度的灵魂。这一灵魂也在北京城的规划与建设中得以体现。明朝按照中国古代帝王都城"左祖右社"的传统规制，在宫城外的承天门之左建太庙，祭祀祖先（后为清代所沿用），右侧建社稷坛，祭祀"土地神"和"五谷神"。都城以下的府州县城的规制都模仿都城而建，显示了都城在全国的政治、思想文化方面的强大影响力。

　　为了服务于政治中心，保证政令能下达地方，以及保证地方对首都的供给，北京城还逐渐建设成为全国的交通中心。当时北京城规模宏阔，城内街道呈棋盘式，大道宽阔，支线发达，出城通向广大疆域的四面八方都非常便利。从地理条件上看，北京的交通往南是平坦大道，往西、北、东则遇到平原与高原的衔接地区，多为山区之路。从交通流量上看，向南繁忙，而向西、北、东三个方向则相对稀少。因此在明朝以前，通往南方的路网要明显优于其他方向，多为中原朝廷经营。东、北方向的路网相对稀疏，多为辽金元经营。永乐迁都以后，四至并重，尤其通向东、北两个方向的道路更具有军事上的意义。在国家政权的主导下，为实现首都至地方交通网络的畅通，在紧要地方都设立了驿站及递运所。交通干道也基本上为政府所利用，交通干道上的流量包括朝廷与地方的公文往返，官员上任进出北京，举子赴京会试以及物资的运输等。交通干道花费不菲但实现了朝廷的政令畅通，使朝廷能够尽快周知地方事务，及时了解民情军情，及时下达相关指令，为大一统国家的行政畅通和信息交流提供了保障。可以说作为配套意义上的全国交通中心，是北京城作为全国意义上的首都在政治中心功能上的延续。

7. 清代：统一多民族国家的政治中心

明清之际，北京城两度易主，先由明末李自成领导的农民起义军占领，而后又被崛起于东北白山黑水之间的满族在关外建立起的大清政权所占，并最终成为延续长达276年（1644—1911年）的最后一个封建王朝——清朝的首都。

《清一统志》载："定都京师，宫邑维旧。"在中国历代建都史上，清代是少有的不仅没有破坏前朝都城，反而完全沿用了旧都，并将其继续发扬光大的朝代。清代统治者对北京没有做什么变动，就连皇帝居住的紫禁城也只是对建筑物做了一些重修和局部的、小范围的改建、增建工作。这一时期北京城的政治功能较之于前代并未有太多变化。清代宫城主体设施未变，内阁公署、军机处等仍设在紫禁城内。清朝内阁官署坐落在紫禁城午门内东侧协和门外东南隅，而京师朝廷官署则是沿用明朝各官署的旧址，主要分布在天安门前南北走向的东、西皇城墙外侧。

有清一代200余年间，满洲统治者的政治活动也并非仅仅局限于深宫内院，其对作为全国首都北京的建树其实是在城外西北郊大规模开辟的皇家园林。以"三山五园"为代表的皇家园林由于皇帝及王公大臣经常在此处理朝政，成为与紫禁城并重的政治中心。清代发生的许多重大历史事件都与京西皇家园林有着密切关系。甚至有学者认为这是清代北京的"双城制"。这显然区别于以往历朝历代对于政治中心所做的描述，也不同于汉唐或者明代的"两京制"格局，属于满洲统治者的创造，也是清代北京城的一个突出特征。

除京西园林以外，北京在总体格局上仍沿袭明朝旧制，城市规划及管理上没有较大的举措和变化。北京的城市管理机构包括中央与地方行政管理系统和内府管理系统，内府系统是专门为皇室服务而设置的管理机构。管理机构的管辖范围大体以皇城为界，皇城与宫城的管理主要由内府系统来负责；皇城以外的管理则主要由中央或京师地方行政管理系统负责。

(三) 新中国首都功能的演变与拓展

自 1949 年新中国成立至今，北京成为中华人民共和国首都已 60 余年。在北京数百年的建都史上，60 年稍显短暂。但这 60 余年来，首都北京的城市总人口增长近 10 倍；城市建成区增长超过了 10 倍；城市的功能则从中华民国时期的没落都城，发展成为充满活力的现代化综合性特大城市，成为世界上人口最多国家的欣欣向荣的首都。随着中国综合国力的强盛，北京作为其首都在国际上的地位也日益凸显。

1. 1953 年城市规划改建与扩建北京城

1953 年的城市规划按照政治中心、文化中心和经济中心（工业基地）的功能定位，确立了以旧城中心为城市的中心、改建与扩建北京城的建设方式。虽然这个方案上报后，由于北京市和国家计委意见不统一，未获中央批复，但是第一个五年计划期间首都的建设是在这个方案指导下进行的。

(1) 再成首都

1949 年 1 月 31 日北平和平解放使其重新作为新中国的首都成为可能。随着中国共产党中央委员会和中国人民解放军总部进入北平，行使领导和保卫国家的职能，奠定了北京作为全国政治中心的地位，城市职能随之发生了重大变化。为保障首都功能，北京市人民政府首先接管了中国国民党中央通讯社北平分社等新闻机构，创办了《人民日报》（北平版），北平新华广播电台开始播音，以宣传党的路线方针政策，同时加强了北平作为全国通信中心的建设，保证中国共产党中央委员会、中国人民解放军总部与各解放区之间的通信联络。

在中国共产党中央委员会移驻北平前后，各民主党派的负责人和各界民主人士的代表、社会各界代表陆续集中到北平，开始建立或筹备建立各全国性组织，为新政治协商会议的召开奠定了基础，也表明北平作为新中国政治中心的地位已经形成。随着1949年10月1日开国典礼在天安门广场上顺利举行，北京正式成为中华人民共和国的首都，再度成为全国的政治中心。随着中国人民解放军的总指挥阵地、军政领导机关转入北京，以及北京作为全国政治中心的需求，北京顺理成章地成为全国的军事中心。

（2）新首都营建方针

新中国成立初期，北京经济落后、环境脏乱、基础设施残破，市民生活条件较差，这些都是营建一个全新国家的首都要面对的首要问题。为此，首都北京的营建者们确立了将北京从一个消费城市转变为工业生产城市的发展方向,并基于新中国成立前首都建设的经验,明确了北京城市建设的首要任务是为生产服务。中共北京市委书记彭真的《庆祝北平解放一周年》提出了首都建设的总方针,即"服务于人民大众、服务于生产、服务于党中央和中央人民政府"。

在首都建设总方针的指导下,新中国成立初期的首都建设和管理,以改善城市环境面貌,保障生产生活正常运行为重点,在多方面作出了巨大努力。为了满足发展生产和保障工作的需要,还新建了生产和工作用房。北京市1953年开始编制第一个五年计划纲要草案,并在两年后的1955年得到了中央人民政府批准,把首都城市建设放在重要地位。

(3) 首都功能建设成果

一是,形成了"一个中心、多点分散"的政权设施布局,承载全国政治中心的首都功能。一个中心是以天安门广场为中心。天安门广场改建成为政治性广场,是国家的政治性集会场所。中国共产党中央委员会和中华人民共和国中央人民政府设在中南海,天安门广场周边及邻近长安街两侧布置了全国人民代表大会常务委员会、最高人民法院、司法部、公安部、燃料工业部、纺织工业部、内贸部等国家机关。这些中央部门的布置集中指向了北京城作为全国政治中心的根本职能。

二是，与政治中心的职能相配套，建设国际交往中心和军事中心。在建国门以东、日坛以南地区建设了第一个使馆区，北京作为国际交往中心的功能得以展现；随着西长安街沿线集中大部分军事机关与军事设施以拱卫中央机关的安全，北京成为全国的军事中心，新中国所有的军事行动都是从首都北京发出指令。

三是，初步建成全国文教和科研中心。海淀区的核心地带被规划为文教区，高等院校从1949年的15所增至31所。清华大学在原址上进行了大规模扩建，北京大学、人民大学、师范大学也从北京城内向西北聚集。在靠近清华大学、北京大学的北太平庄至五道口地区，新建了矿业、石油、地质、钢铁、航天航空、农业、林业、医学八大学院。同时，在中关村地区新建了中国科学院所属的众多研究所，使其成为中国重要的科学研究中心。截至1957年，北京各类高校在校学生近8万人，居全国之首，办学质量和研究水平均居全国领先地位。

四是，初步建立起一系列工业产业链条，北京成为一个工业生产中心和经济中心。北京市在第一个五年计划建设时期，工业建设发展迅速，新建了大约50个工厂，重点建设了东北郊工业区和东郊工业区，改变了北京以往作为一个纯消费型城市的历史。

2. 1958 年城市规划构建特大城市的空间格局

（1）社会主义的首都

随着过渡时期的总路线的提出，国家开始对农业、手工业和资本主义工商业进行社会主义改造。而北京作为全国首都，率先实现了这一历史性变革，将生产资料私有制转变为社会主义公有制，成为我国第一个完成社会主义改造的城市，进入了社会主义建设的新时期，体现了首都北京在建设社会主义国家中的突出地位和重要作用，为全国的社会主义改造起到了带头和示范作用。

（2）1958 年城市总体规划关于首都功能的定位

经过长达数年的意见征求、规划制定工作，形成了 1958 年《北京城市建设总体规划初步方案》。规划的总体特点是：着眼于城市发展的远景，确定了人口规模控制在 1000 万，在 16800 平方公里市域范围内，由市区和卫星城镇构建成"子母城"格局，市区内部形成"分散集团式"布局，奠定了北京未来近半个世纪的城市发展框架和基础。

规划明确"北京是我国的政治中心和文化教育中心，我们还要迅速地把它建设成一个现代化的工业基地和科学技术的中心，使它站在我国技术革命和文化革命的最前线"。规划强化了北京作为工业基地的性质，主要是要发展冶金工业、机械电机制造工业、有机合成化学工业、煤炭工业，发展技术性复杂的、采用最新技术的重型机械、电机工业和精密机械工业，以及仪器仪表、电子工业和高级合金工业。同时，积极发展纺织工业、日用品工业和特种手工艺。工业区采取分散布置的方式。在市区范围内有东部工业区、东北工业区、石景山工业区，还有丰台、清河等规模较小的工业区，在东南郊设置大型化学工业区。

（3）与首都功能相匹配的设计

人口历来是首都城市发展中的重点和难点问题。首都功能既依赖较高的人口素质，又要求较少的人口数量。为适应北京建设工业基地，实现成为经济中心的目的，以及与首都北京的人口规模相适应，城市布局被规划为：背靠西山，以北京城为中心向四面拓展，形成北京市的市区；在市区周围，有大大小小的卫星镇，和北京的市区组成"子母城"的形式。在市区布局上，采用"分散的、集团式"的布局，集团与集团之间是成片绿地。为与人口容量的设计相适应，在1958年的北京城市规划中，为节省劳动人民的时间和避免城市交通拥堵，在全市范围内均衡分布居住区，在居住区内均衡分布公共服务设施，使居住和工作的地点尽量接近，使物资供应和文化、教育、卫生等机构尽量接近居民。

这一时期,北京承载的首都功能有了较大发展。首先是国庆工程和天安门广场的扩建。国庆十大工程极大地改善了首都形象,人民大会堂、革命历史博物馆等建筑集中体现了首都政治中心、文化中心的功能,使北京成为我国公共设施最发达的城市,首都北京的城市形象也发生了巨大的变化。其次是再次编制长安街规划方案。规划要求今后中央各部门所需办公、住宅和其他生活服务设施,一律由各部门提出用房计划,经国务院各办和军委分口审查后,由国家计委综合平衡,制订统一的建房计划,并将投资、材料统一下达给北京市,由北京市统一规划、统一设计、统一施工、统一调配和统一经营管理。最后是使馆区等外事设施有新发展。外事建筑的规划建设依照周恩来总理的指示精神,于1955年继建国门外使馆区建设之后开始建设三里屯使馆区。

首都北京作为全国文化中心和教育中心的功能也得到了发展。1958年总体规划方案明确提出北京是我国的文化中心。继1950年后期建成的作为国庆十大工程的六项文化设施外,1960年后建成的二七剧院、中国美术馆等仍集中在市中心。同时,中关村地区已经形成北京的科研基地,北中轴的科研所也开始建设。在京的科研机构基本上属于中国科学院、中央各部委和市属三个系统。中国科学院系统的科研机构，其社会科学、生物、地质等研究所大部分集中在城区，特别是东城一带；基础理论尖端科学等研究所大部分集中在中关村，一部分在北中轴一带。中央各部委的科研机构，一般安排在各部机关附近，比较集中在北郊和平里、北太平庄和西郊百万庄一带。北京作为全国的教育及科研中心，其教育科研水平与规模都在全国范围内远远领先，具有重要的战略意义和示范作用。

但是，作为首都功能定位与实现的一个重要内容——卫星城建设则出现了一些问题。1958年以来在卫星城镇的规划布局上，建设项目不仅在总布局上分散，即使在一个城镇也不集中。远郊37个点上曾经安排113个建设项目，但真正开工建设的只有60个，分布在31处，如此分散的局面不仅增大了基建的投资，而且给生产与生活带来极大不便。

3.1973年城市总体规划及新发展目标

1973年《北京市建设总体规划方案》分析了当时城市发展的现状和存在的问题，实事求是地核定了城市人口和用地规模，提出解决城市规模过大、工业过于集中、住宅生活服务设施和城市基础设施欠账过多的问题，高度重视"三废问题"和环境建设，提出要多快好省地把北京建成一个具有现代工业、现代农业、现代科学文化和现代城市设施的清洁的社会主义首都。

这次城市规划将首都北京作为经济中心，或者说工业基地的发展目标逐渐淡化，确立了"清洁"的首都的城市发展目标，标志着环境保护开始受到重视。规划把城市建设用地的规模大幅缩小，是一个收缩、调整的规划。规划确定到年底城市人口控制在370万—380万人。规划提出，城市规模过大，工业过于集中，造成用水紧张、污染严重、用地紧张，提出新建工厂和事业单位，原则上放在远郊，污染大的工厂原则上不放在北京。同时，规划还重点着力职工急需的生活居住用房和商业服务、学校和文体卫生设施建设，以更好地发挥首都北京作为消费城市的服务性功能。总体上，这是一个过渡性质的规划，是北京城市发展从20世纪50年代"大城市主义""大工业城市"向80年代"控制城市规模""不一定建设经济中心"转型的过渡。

4. 1982年城市总体规划调整首都发展方向

随着对外开放的扩大，经济体制改革的深入，我国的经济实力和国际地位日益提高，城市在经济社会发展中的地位日益重要。这一历史性变革的重要时期，北京作为首都面临着调整首都功能定位、促进现代化建设等一系列新挑战。

1980年，中央对首都建设方针做出重要指示，提出了建设一个什么样的首都的问题：首都第一是全国的政治中心，不一定要成为经济中心；第二是中国对国外的橱窗，全世界就通过北京看中国。针对首都的功能定位与功能实现的问题，指示还提出了政治思想建设、环境美化建设、科学文化建设、适合首都特点的经济建设的目标。指示为未来北京的城市建设指明了方向，也是编制1982年城市总体规划的指导思想。

政治中心功能更加完善，这主要体现在中央办公设施新建扩建增多。20世纪80年代以来，中央办公设施进入了一个新的建设高峰：一些新设立的中央机构建设了新办公楼，一些原有办公设施进入了改建扩建期。这一时期不仅建设数量大幅增加，建筑标准也有较大提高。

国际交往中心功能不断扩展。20世纪80—90年代，外事设施除了继续在建国门日坛南部建设第一使馆区，在三里屯建设第二使馆区外，还在亮马河北岸开辟了第三使馆区。外交部、外贸部、海关总署相毗邻，外贸、外资企业和相关商务服务设施随之聚集，还有东北郊的首都机场相连通，强化了北京的外交和外事功能。

经济中心的功能不再被强调。1982年城市总体规划设定了"首善之区"的城市建设目标，北京是全国的政治中心，是我国进行国际交往的中心，而不再提"经济中心"和"现代化工业基地"。一方面，对工业的发展规划进行了调整，工业向高、精、尖方向发展，部分占地多、耗能高、污染重的工厂退出市区；另一方面，城市的商贸功能空前发展，老的商业设施开始进行大规模改造，同时建成一批金融设施。

全国文化与教育中心的功能大大增强，文化、体育、卫生设施建设发展迅速。一是中央与首都市属各部门新建了众多博物馆与艺术馆，一批批高等院校分散到远郊区建校；二是筹备举办1990年第十一届亚运会，为体育建筑和设施的大发展提供了良机。

然而，1982年城市总体规划提出的卫星城镇发展方案并未得到落实。尽管在昌平、房山等地区安排了大学、工业等重要设施，集中建设了一批居住设施和公共服务设施，但卫星城依旧没有起到疏解中心城区人口和功能的作用。郊区有了一定发展，但远远没有做到"大发展"。

5. 1993年城市总体规划确定建设国际城市的目标

随着改革开放的深入和发展，首都城市功能严重不适应经济社会的要求。亚运会后国家政治、文化中心和国际交往中心的功能日益强化，现代经济活动亦对传统城市功能提出挑战。1993年的城市总体规划提出，进一步加强和完善全国政治中心和文化中心的功能，建设全方位对外开放的国际城市。规划为首都功能的新定位制订了非常明确的计划。

一是，完善国家政治中心的功能。为满足国家政治中心功能需要，规划专门制定了中央国家机关建设规划和外交使馆、公寓建设规划。针对中央国家机关办公用房缺口较大的问题，规划确定了三条原则：首先是党中央、国务院直属各部委、总局等机关的发展用地，确保在市内解决，一些部委应当放在比较显著的位置，以突出首都政治中心的功能；其次是充分利用现有一些部委的院落，适当改造或征用毗邻用地增建用房，以解决这些部委办公用房及附属用房紧张的困难；最后是从节约城市用地出发，今后尽量少建一家一户独立的小而全的机关大院，可有几个单位集中建设办公楼。中央办公设施改建、扩建持续进行。

二是，完善国家文化中心的功能。北京是国家级历史文化名城，北京的建设要反映出中华民族历史文化、革命传统和社会主义中国首都的独特风貌。规划提出要充分利用北京深厚的文化基础，进一步发展文化教育和科技事业，加强民主法制建设和精神文明建设，走在全国的前列；进一步发挥首都的科技和教育优势，使科学技术水平在全国保持领先地位，一些科技领域接近或达到国际先进水平；充分发挥首都作为全国高等教育基地的作用，加快地方高等院校调整与建设的步伐，为全国培养、输送高级人才；进一步发展文化、体育事业，繁荣社会主义文艺，弘扬民族优秀文化，扩大国际文化交流，积极发展广播、电视、新闻与出版事业。

三是，发展适合首都特点的经济。北京作为首都，对经济发展提出了更高的质的要求，要积极为全国的经济建设服务，同时要大力发展适合首都特点的经济，集中发展高新科技，大力发展第三产业和附加值高的第二产业。北京的经济发展，要加快改革，扩大开放，面向全国，走向世界，不断推向新水平。

6. 2005年城市总体规划提出建设多中心城市

进入21世纪，在全面建设小康社会、加快推进社会主义现代化建设的发展背景下，首都作为全国政治中心、文化教育中心、对外交往中心的功能日渐定型，对于经济发展的认识也逐渐科学。但首都北京的发展仍然面临着城市空间趋于饱和的问题，城市空间拓展成为城市发展的首要问题，为此规划提出了建设多中心城市的发展方向。北京在功能定位上的新发展方向主要是：提出建设"宜居城市"的发展目标、"两轴—两带—多中心"城市空间布局和中心城调整优化的规划原则，一方面强化首都北京的核心功能，另一方面完善北京作为全国交通中心的功能。

7. 首都功能演变的总结

综上所述，经过60余年首都建设的经验探索，北京已经建设成为一座现代化的、具有国际影响力的大城市，一座政治功能突出、文化教育功能领先，国际交往中心、全国交通中心建设日益完善，全国科技科研中心地位日益凸显的首都。同时，在优先满足北京作为全国政治中心的核心功能的原则下，在尽力改善城市居民生活条件的基础上，过去一度将首都北京建设成为全国经济中心的发展目标最终被放弃。

二 首都"四个中心"功能定位与京津冀协同发展规划

（一）首都"四个中心"功能的提出

1. "首都功能"定位的目前格局

北京目前的首都功能定位，主要体现在现行《北京城市总体规划（2004年—2020年）》中。这版规划在延续1993年关于"首都是全国政治文化中心、世界著名古都和现代国际城市"的北京城市性质定位基础上，提出了"国家首都、国际城市、文化名城、宜居城市"四个发展目标，并进一步明确了建设世界城市，创建以人为本、和谐发展、经济繁荣、社会安定的首善之区的努力目标。2004年版规划确立起了城市性质"三中心"说（全国的政治中心、文化中心和国际交往中心）和城市功能"四个服务"说（为中央和党政军首脑机关服务、为国际交往服务、为全国各地建设发展服务、为市民的工作和生活服务）。同时，规划还确立了"两轴—两带—多中心"城市空间新格局。其中，"多中心"的提出，针对的是2000年以来北京城市格局愈益向"同心圆"的"一中心"模式演变的趋势，符合世界现代城市发展的规律，但此版规划中的"多中心"仅指在市区范围内建设CBD、奥运公园、中关村等多个综合服务区，并在区域范围内的"两带"上建设若干个新城，仍然囿于北京一地的狭窄视野，没有形成"大首都圈"的理路，难以使北京由"一中心"的"摊大饼"转型为多中心相互联结的都市圈。

为了将首都总体功能进行分解落实，2006年北京市委市政府提出了《关于区县功能定位及评价指标的指导意见》，把当时的18个区县分成首都功能核心区、城市功能拓展区、城市发展新区和生态涵养发展区四个功能区。其中，首都功能核心区包括今天的东城、西城两区；城市功能拓展区包括朝阳、海淀、丰台、石景山四区；城市发展新区包括通州、顺义、大兴、昌平、房山五个区和亦庄开发区；生态涵养发展区包括门头沟、平谷、怀柔、密云、延庆五个区县。

北京市在成功举办2008年奥运会之后，又提出了"人文北京、科技北京、绿色北京"的建设理念。无论是"四个城市"的定位还是"三个北京"的理念，其目标都是建设一个社会更加进步、环境更加宜居、国际化程度更高的国际大都市。2010年10月，首都功能重新定位为政治中心、文化中心、国际交往中心、国家创新示范区。其中，"国家创新示范区"首次作为首都功能定位出现。这样的新定位，体现了北京为"后奥运时代"寻求新的发展支点的努力，同时符合新一轮对外开放的趋势。"四个中心"的定位不仅对北京"十二五"规划的制定、中长期发展目标起到一个指向性的作用，更将有利于"四个城市"目标的实现——例如，通过提高北京的国际化程度，提升产业结构，促进低端产业的转移，从而释放人口压力，从根源上解决相关难题。

2014年2月，习近平总书记就推进北京首都建设和发展发表讲话，明确提出了新的首都战略定位，即坚持和强化首都作为全国政治中心、文化中心、国际交往中心、科技创新中心的核心功能。同时调整疏解非首都核心功能，优化三次产业结构，有效控制人口规模，增强区域人口均衡分布。新的"四个中心"定位，明确区分了首都核心功能和非首都核心功能，并以"科技创新中心"替代"国家创新示范区"，展现了国际视野，首都功能定位更加科学和准确。为了落实中央对于首都发展的新要求，体现新的首都功能定位，北京市政府于6月5日正式向国务院报送了关于修改北京市城市总体规划的请示。

从"四城市""四服务"到"三个北京",从"四中心"到新的"四中心",10年来中央对首都功能定位不断进行修改和调整,一方面体现出首都功能定位问题的战略重要性,以及首都功能定位的历史性和时代性;另一方面也反映出此前的首都功能定位本身存在不科学、不明确之处,加之执行中的偏离,导致首都城市发展过程中暴露出了一系列问题——"城市病"即是诸多矛盾和问题的集中体现。

2. "城市病"的表现及原因分析

所谓"城市病",是指人口过于向大城市集中而引起的一系列社会、经济和各方面问题。"城市病"是几乎所有国家曾经或正在面临的问题,但其轻重因政府重视程度和应对方法的差异而有所不同。

官方数据显示,2013年末北京市常住人口数为2114.8万人,已经远远超过《北京城市总体规划(2004年—2020年)》提出的2020年1800万的人口规模。人口过度聚集、交通拥堵、空气污染、资源紧张等问题日益突出,这座身患"城市病"的超大型城市已然不堪重负,其资源和承载能力已经达到甚至超过了极限。联合国发表于1993年10月的一份"亚太地区城市状况"的报告恰似对今日北京"病情"的描述:"随着亚洲经济的增长,城市人口持续膨胀,由此造成的大气与河流的污染,交通拥挤和城市垃圾等问题日益严重。城市公害如不及时加以遏制,必将形成恶性循环。"

(1) "城市病"的表现

从"城市病"的表现出发,有利于正确而全面地评价"城市病"的严重程度,进而探索"城市病"发生的深层次原因。北京"城市病"的表现,与其他患"城市病"的城市相比,既有共性也有独特性。具体表现在以下几个方面:

一是人口膨胀。20世纪90年代后,我国城乡和区域之间的分割状态被打破,人口作为经济要素首先流动起来。北京作为首都,进入了人口快速膨胀的时期。第六次人口普查显示,2010年北京市常住人口1961.2万人,其中外省市来京人员(居住半年以上的)704.5万人,占常住人口比例为35.9%。2011年,北京市常住人口超过2000万人,2013年则突破了2100万人。2003—2013年10年间,常住人口增加了622.1万人。外来人口大规模流入,在带来经济发展活力的同时,也带来了城市基础设施和公共服务的压力。在人口快速增长的过程中,一旦城市的建设及管理跟不上迅速膨胀的需求,就会引发一系列的矛盾,出现环境恶化、失业率高、治安恶化等问题。

在1989年至2003年间，北京的人口控制政策延续着计划经济时代的严格行政控制思路，曾采取过收取流动人口管理服务费、限制流动人口就业岗位和工种的政策，但事实上这些政策没有取得效果。每一次设定的人口控制目标都在短时间内轻易被突破。2003年以后，北京开始采取社会融合政策，取消了流动人口管理服务费，废除了收容遣送制度，取消了一系列带有歧视性的就业、就医、计划生育、公共交通等政策。并且，近年来高等院校持续扩大招生，产业升级和服务业壮大，以及城市建设规模扩大，住房政策相对宽松，也引起了人口的增长。可以预见，未来北京市的人口特别是外来人口还将持续增长，人口对资源、环境和公共服务的压力还将长时间存在。

二是交通拥堵。交通拥堵问题一直困扰着首都。迅速增大的城市规模使得城市交通需求与交通供给的矛盾日益突出，主要表现为主要干道全面拥堵、停车困难、交通秩序混乱、服务水平低、换乘不便、自行车交通环境恶化、货物运输效率低下等，以及由此带来的安全、污染等一系列的问题。产生这些问题的原因包括：交通需求发展超过规划预期、城市建设与交通建设协调不紧密、公共交通发展严重滞后、步行和自行车交通环境恶化、交通需求管理和道路交通管理不到位、道路网结构不合理、停车空间不足、交通系统缺乏有机整合、区域交通发展不够协调等。

2013年末，北京市全市公路里程21614公里，比2012年末增加122公里；其中，高速公路里程923公里，与2012年持平。城市道路里程6346公里，比2012年末增加75公里。① 2015年末，北京市机动车保有量561.9万辆，比2014年末增加2.8万辆，比2010年末增加81万辆。民用汽车535万辆，分别比2014年末和2010年末增加2.6万辆和82.1万辆。其中，私人汽车440.3万辆，分别比2014年末和2010年末增加3.1万辆和65.9万辆；私人汽车中轿车316.5万辆，与上年末持平，比2010年末增加40.6万辆。② 可见，道路的加速建设不仅没有缓解交通拥堵的情况，反而使拥堵更加严重，因为汽车数量的增加更快。道路的增加、公共交通不便利、居民收入增长、机动车价格可以接受、远郊住房供应增加等多种因素，共同促使了更多市民购买私家车满足出行需求。

首都成为"首堵"的根本原因是北京市区规模扩张和"摊大饼"式的布局带来的交通需求迅猛增长。市区规模较大且成为主要的就业中心，居住功能外迁到市区边缘和远郊区，致使早晚上下班高峰出现了严重的"钟摆式"交通。城市内部的功能结构也不完

---

① 数据来源：《北京市2013年国民经济和社会发展统计公报》。
② 数据来源：《北京市2015年国民经济和社会发展统计公报》。

善，市区内部的区域服务中心不完善，小区服务中心缺位，而远郊区的各类公共服务缺乏或质量很低，从而使城市的多种公共活动都依赖于市区中心提供的服务。公共权力集中且权力机构布局集中，也是重要原因。

三是资源短缺。北京还面临着较为严重的水资源短缺和土地资源短缺问题。北京市地表水的主要水源是密云和官厅水库。由于干旱和上游地区城市、经济的发展，来水量呈衰减趋势。2013年，水资源总量26.2亿立方米，比2012年减少了33.6%。为了满足工农业生产和城市生活用水的需要，许多地区大量超采地下水，使得中心城一些地方形成了地下水降落漏斗区。全市平原地区2013年末地下水平均埋深24.46米，地下水位比2012年末下降了0.19米。由于北京城区面积不断扩大，大量城市近郊区的农田被扩建为城区，地面硬化，城市河湖淤积严重，已累计淤积230万立方米，并以每年10万立方米左右的速度继续淤积，严重降低了河湖的调蓄和排洪能力。并且，北京现有水源工程和输供水工程大多已进入老龄期，进一步危及供水安全。

在土地资源方面，首都的土地利用已趋饱和。20世纪80年代以后的北京城市发展的特点是，仍延续新中国成立以来以旧城为中心向外扩展的方式，近郊区的大部分逐渐成为城市地区，并且沿着高速公路向远郊区蔓延。近年来市域范围内城市和农村的土地利用结构发生了一些重大变化：一是规划市区和卫星城的城市建设用地大幅度扩展，内城基础设施用地快速增长。二是新农村用地中城镇建设用地增长较多，令耕地大幅减少。从本质上看，城市土地利用已经向农村扩展。虽然农村集体用地的总量保持不变，集体用地属性没有改变，但用地结构已发生根本性变化，主要是为服务于城市的第三产业和工业在农村地区落地扩展。三是生态用地中林地面积增长，而水域面积持续减少，生态环境仍十分脆弱。

四是环境污染。近年来随着首都现代化脚步的快速前行，大气、水体、固体废弃物等的产生总量呈现出递增趋势。其中，大气污染主要表现为污染物排放总量增加，尤其是可吸入颗粒物（PM10、PM2.5 等）含量提高，大气质量堪忧；水污染主要表现为地面沉降、主要引水区和取水区有机污染、化肥和农药污染；土壤污染主要表现为多环芳烃污染和重金属污染；城市固体废弃物污染主要包括工业固体废弃物和生活垃圾，其总量逐年递增。

五是公共资源紧张。尽管北京市的城市基础设施建设在全国属于领先地位，并且集中了大量的教育、卫生等公共资源，但人均公共资源仍然紧缺。长期的计划经济体制使得首都功能畸形发展，虽然在改革开放后付出了极大的努力进行功能调整，但北京城市发展各项人均指标仍差于西方发达国家的首都。在国家城市化政策尚不明朗的情况下，北京市政府长期未将大部分外来人口的生活服务设施纳入城市规划。自从1993年北京市提出建设现代国际城市目标后，城市发展的各项指标都在潜意识上与国际发达城市比较，并且急于建成现代化的国际大都市，导致在各项公共设施和基础设施上追求大型和一流，而忽视了人与自然、人与人的和谐，忽视了小区居民身边的小型和便利性设施，如小区公园、图书馆和体育设施仍很缺乏。同时，居民住房市场也出现了过多的大户型和低密度住宅，而保障性住房建设仍然不足；大量低收入的外来居民居住在城乡接合部，他们的居住环境更是长期处于脏、乱、差的状态，加剧了城市贫富的分化和居住隔离现象。

(2)"城市病"的原因分析

①"城市病"的根源

从目前研究"城市病"的文献来看，大部分研究将"城市病"的根源归结为城市规模、人口规模过大。基于这种认识，自20世纪80年代起，中国政府一直实施着"严格控制大城市规模，合理发展中等城市和小城市"的方针。但是，大城市、特大城市依然保持高速增长的势头，使得"城市规模过大引发城市病"的理论越来越站不住脚。我们认为，首都的城市和人口规模过大，只是"城市病"的表现；"城市病"的根源在于，首都功能定位过于繁重，并且没有准确区分核心功能与非核心功能。首都功能定位、城市规划、城市（人口）规模三者之间的关系应当是：首都功能定位→城市规划→城市（人口）规模。城市和人口规模巨大，只是基于首都规划所产生的需求；而首都"摊大饼式"的规划，对应的正是首都被赋予了太多应或不应由其承担的功能。

②"城市病"的直接原因

具体来看，由首都功能定位不科学所导致的"城市病"出现的直接原因主要包括以下几个方面：

第一，城市结构不合理。由于首都被赋予了过多的功能，致使相应的城市规划没有起到合理的优化城市空间结构的作用，而城市结构的不合理使得城市承载量有限，超出了限度便会引发一系列的"城市病"。以北京为例，城区以8.3%的面积，承载了59.3%的常住人口。城市中密集的空间结构不但使生活成本快速增长，而且使大量的优质资源集聚在有限的空间里。从城市的内部空间结构看，如果城市空间结构合理，不但可以改善环境，还可以扩大城市容量，有利于经济增长。更大范围来看，如果一个地区的城市体系发育比较成熟，各个不同阶层等级以及空间网络分布结构比较合理，各城市相互依存，彼此之间的福利差异比较小，"城市病"的发病概率就会降低。相反，由于首都周边的城市体系不成熟，首都"一城独大"，优势过于明显，难免加剧首都的"大城市病"。

第二，城市规划和建设不合理。北京在近年来的建设过程中一味追求规模的扩张，采取"摊大饼"的发展模式。城市功能分区把某种业态集中在一个区域——商业集中、金融集中、高校集中、政府各个部委办公集中。其向外延伸的卫星城和新城，往往只具备居住、购物、休闲等功能，而医疗、教育、文化娱乐等公共资源仍集中在城市中心地带。居住地与工作地高度分离，导致人流在上班时，从居住地倾巢出动，流向上班地和工作场所；下班时，又从工作单位流向居住地。同时，由于车辆多，排放废气多，造成空气污染，加剧了城市环境的恶化。

第三，政府干预过度。尽管1982年版的《北京城市建设总体规划方案》就已明确首都城市性质为"全国的政治和文化中心"，不再提"经济中心"和"现代化工业基地"的概念，然而受GDP考核的推动以及自身经济利益的驱使，政府多年来仍未能放弃对首都城市经济功能的追求。追求的结果就是，政府过度干预城市规划，使得首都应有功能的实现受到影响，顾此失彼，影响了城市的综合配套和健康发展。

第四，资源分配失衡。资源过度集中在空间上表现为两个层次：第一个层次是首都周边的资源过度向首都城市集中。由于首都掌握着优质资源，比如教育文化、社会服务、交通通信、就业机会等，吸引了大量的人才，变得越来越大，导致出现"城市病"；第二个层次是在首都城市内部，资源再度向政府机构所在地区或CBD地区集中。

3. 首都功能分解及核心功能定位

从世界范围看，目前世界各国的首都，按城市功能大体上可分为两类：一类是单一的政治中心和对外交往中心，如美国首都华盛顿、澳大利亚首都堪培拉等，这类首都的数量较少；另一类首都具有多种功能。就大多数的首都城市而言，都具备政治与行政中心功能、文化与教育中心功能、信息与科技中心功能、金融与商业中心功能，甚至具备产业中心功能，形成了一个庞大的多功能叠加在一起的集合体，即由"核心功能"与"叠加功能"共同构成的系统。

首都城市的核心功能，是反映首都城市本质的、起主导作用的"国家功能"。因为这个功能反映的是所有国家首都城市皆应具有的功能，是首都城市的一般共性，因此也被称为"一般功能"。首都城市的

"叠加功能",则是指首都城市在长期的历史发展过程中,基于不同国家的历史文化传统与需要,在核心功能之外逐步叠加(或附加)上去的其他各种功能,因此亦可称为"附加功能"。如果说核心功能反映的是首都城市的共性与稳定性功能的话,那么叠加功能反映的则是首都城市的特性与可变性功能。核心功能是首都城市的内在尺度,是始终居于支配地位的主导性功能,它的存在和发展决定着首都的性质和发展方向;叠加功能则是核心功能对资源不断优化的产物和必然结果,是核心功能的扩展或补充。

对首都"城市病"的表现及其原因的分析揭示出,对首都功能必须进行符合本国、本地区、本城市的实际情况和需求的精准定位,厘清首都在一定历史时期的任务和作用,精确界分"核心功能"和"叠加功能",同时剥离和疏解现阶段不应或不适宜由首都承担的功能。

习近平总书记于2014年2月视察北京时提出的新的首都战略定位,正是对首都功能的科学和准确定位。首都的核心功能被定位为全国政治中心、文化中心、国际交往中心和科技创新中心,是在广义上使用了首都核心功能的概念。其中,政治中心的功能属于首都"核心的核心功能";文化中心、国际交往中心和科技创新中心的功能,则属于"一般的核心功能",不仅体现了首都和我国的历史文化传统,也因应了全球化时代和科技迅猛发展的需要。对于这四个不同的核心功能,既要各自认真梳理,根据它们的相异要求进行组织和规划,又要在总体上进行整合,形成共同推进的战略。

(二) 非首都功能疏解与京津冀协同发展规划

1. 城市生存与城市发展协同并进

对首都功能予以科学定位,强化核心功能,疏解非首都功能,固本舍末,是治理"城市病",保证首都可持续发展的治本之策。

可持续发展是当今世界性话题,首都城市的可持续发展问题尤其令人关注。实现首都城市的可持续发展,就是要使城市的发展速度和规模保持在城市的承载能力范围之内,创造出更加和谐的符合自然状态与现代文明的城市发展环境。1999年3月,中国科学院在多年积累和研究的基础上,发表了《中国环境可持续发展报告》,该报告将国家可持续发展能力分解为五大系统,即生存支持系统、发展支持系统、环境支持系统、社会支持系统与智力支持系统;并把人口控制、资源消耗、环境质量动态变化、政府管理能力等有机结合起来，建立了"可持续发展度"指标体系。根据这一指标体系所进行的国内各省（市、区）总体评价排序，当年北京的环境支持系统在全国30多个省（市、区）中排在倒数第4位。尽管近年来北京市在解决环境问题上采取了一系列举措，环境问题仍然严重而迫切。

新中国成立70年来，北京城市发展的急剧膨胀乃至产生的一系列"城市病"，与首都地位赋予它的过于繁多的功能紧密相关。中国的传统和苏联式的社会主义都倾向于要求北京成为一个很大的城市。在中央规划下，行政中心要成为所有经济和社会活动的统筹中枢，因此它需要拥有大量的办公室、活动场所和相关资源；同时，为了便利中央控制与协调，北京致力于发展多功能来为全国服务，而相对忽视了本地环境的承载能力。虽然在改革开放之后北京付出了很大的努力进行功能调整，目前的土地利用总体结构已趋于合理，但北京城市发展的各项人均指标仍低于西方发达国家的首都，甚至低于国内一些城市。从目前的北京城市功能来看，在许多方面，如城市规模太大、人口过多、交通堵塞、城市用地紧张以及环境污染等诸多问题上有着酷似东京的特点。虽然在某些方面的程度上没有东京的情况严重，但实际上作为首都的城市功能运行及其综合效益的发挥已经明显地感受到障碍。

北京行政中枢用地的紧张状况、交通设施和水资源的紧张状况以及应对各种城市灾害及突发事件的能力状况，与东京不相上下，甚至在某些方面比东京还要严重。

所走过的和正在走的这些弯路给了我们以教训：首都城市建设不能操之过急，首都规模不能以"大"为标准，首都功能不能以"全"为标准，而要充分考量首都城市功能定位与城市资源承载能力之间的平衡。首都城市不仅要体现政治和经济的聚集力和辐射力，还应在社会发展、居民生活水平、人口素质等方面也都具有较高水平；不仅有经济社会系统的高度发达，也有生态自然环境的和谐、可持续。例如，纽约市在《纽约2030》规划中涉及土地、水、交通、能源、空气质量、气候等六个方面的目标及一系列子目标，并将自身的未来定位为21世纪的模范城市：一个更伟大、更绿色的纽约。东京也于2008年制定了"十年后的东京"发展规划，内容涉及环境、基础设施、产业发展等八个方面。从这些城市的战略发展规划设计中我们可以发现，它们都没有重点刻意强调那些公认的城市标签（即规模、控制力、沟通力等），而是设定了覆盖生产、生活和生态等更为宽泛的"理想城市"评估标准。这给予我们一个重要的提示：一个健康的、没有大城市传统弊病的首都，必然是一个功能适当、可持续发展的城市。北京在实现首都功能的同时，也应注重城市品位和整体水平的提高，努力建设城市功能的社会化、人居环境的生态化、居民素质的现代化、城市发展的可持续化、城市文化的个性化及竞争平台的全球化的首都城市体系，从系统的角度对首都城市建设进行规划和指导。

2. 城市需求与城市供给能力配套

如前所述，首都城市的发展速度和规模受其性质和功能定位影响，反过来，首都功能的发挥又会受到城市发展速度和规模的制约。这在很大程度上是因为，首都功能的有效发挥以及维系其权威系统的运转与发展，有赖于良好的物质设施作为载体。首都城市功能承载系统是指为保障首都城市各种功能实现或正常发挥与发展所提供的硬件系统与软件系统，因此又可称为"首都城市功能保障系统"。首都城市功能承载系统包括城市基础硬件设施系统、软件设施系统、自然生态环境系统三大要素。健康的首都城市发展，需要有与之相适应的城市功能承载系统，并且城市功能承载系统的三大要素之间也必须相互协调同步。

拥有现代化的硬件基础设施系统是充分发挥首都城市功能、保障首都城市较充分就业与便利的生活条件、建设稳定的首都社会秩序、实现首都城市可持续发展的大前提。随着信息网络及其设施、面向公众与社会的信息服务与咨询、面向世界的信息产业与产品技术的飞速发展，信息承载功能的强弱已经成为衡量首都城市基础功能水平的重要标志之一。全世界有许多功能承载系统很好的首都城市典范，它们不仅基本满足了发挥首都本质功能的需要，而且也在满足其他叠加功能需要方面提供了较好的外部环境。但是可以说，目前还没有哪一座首都城市能够称得上是当今首都的"伊甸园"。各国的首都城市或多或少都存在着一些不完善，并在不同程度上影响了首都城市功能的实现。

北京所患的"城市病"，就是城市发展过快致使超出了城市功能承载系统的承载能力，尤为严重的是自然生态环境系统出现了衰弱迹象。为此，必须从现实出发，在准确定位首都功能的前提下，对城市发展规模进行总量控制，将提高城市的经济、社会、环境的综合效益作为首都发展的主要考核目标，加强对城市资源配置的调控能力，改革现行的管理体制，调整并完善对城市发展有重大影响的法规和经济政策，强化依法治都的手段和措施。必须从首都功能建设和首都城市发展的总目标出发，依据发展阶段的实际情况，调整资源配置结构，采用经济、行政和立法等综合措施，不断突破制约全域发展的薄弱环节和主要问题，使首都城市的发展始终能够保持在总需求与总供给相对平衡的水平上。

3. 首都区域协同发展规划

首都圈的区域协同发展，是解决首都城市功能疏解、控制人口和城市规模、治理"城市病"的另一条出路。

一方面，北京可以通过把非首都功能疏解给周边其他城市，推进交通、基础设施互联互通，产业转型升级与转移对接，实现创新驱动发展，统筹对接社会事业和公共服务，加强生态建设与环境保护，提升资源能源保障水平，扩大对内对外开放；另一方面，需要打破地方利益和部门利益，强调协同发展，以基础设施建设、产业升级与协作、生态环境保护、公共服务保障、市场体系构建等为重点，由浅入深、由点到面、由急到缓，有序推进一体化发展，形成真正的京津冀大城市带。

首都区域协同发展的理念最初体现在卫星城的建设中。在1958年"分散集团式"的规划中就提出了卫星城，1993年的北京总规划又提出14个卫星城的模式。从此前的实施效果来看，可以说是失败的。首先，旧的卫星城理论是不科学的，它旨在于城市外围建设以居住为中心的中小城市，而忽视了对城市功能的疏解。因而北京20多年来卫星城的建设，并没有实现人口和功能疏解的目的。其次，卫星城在管理上是失败的。1993年总体规划虽然在空间上确定了14个卫星城，但建设机制的主体落在区县一级政府，这造成卫星城的建设，首先用来满足区县开发建设的要求，而不是首都城市功能疏解的需要。

与首都功能重新定位相配套提出的京津冀协同发展，则是在卫星城建设基础上提出的又一个重大战略举措，也是促进首都功能分解、促进区域协同发展的一个新的尝试。

所谓协同发展，是指通过在城市间合理配置各种资源，通过组织和管理过程不断提高不同城市系统的有序程度，使大系统达到优化和和谐，促进经济发展、社会进步、环境保护协调一致，同步进行。中心城市与卫星城市的协调机制可以采取以下三种类型：（1）行政协调机制，一般通过上级政府、跨行政区机构和相关城市政府来进行。（2）协商协调机制，有关各方通过"自主参与、集体协调、适度妥协、共同承诺"的过程来建立整合发展关系。（3）市场协调机制，以企业为主体进行，企业通过市场竞争选择合作伙伴，进行重组联合，优化资源配置。从目前中心城市与卫星城市的协调发展看，三种机制应同时存在，共同发挥作用。在协调发展前期和初期，以行政机制为主，协商机制为辅；中期是行政机制为主，市场机制为辅；后期则是行政机制和市场机制并重。

实现这三种协调机制要通过以下五个协调：（1）产业协调。包括第一、二、三产业以及农轻重比例和发展速度的协调。应根据优势互补原则，从中心城市和卫星城市两个层次统一考虑产业结构和地域结构，形成既有分工又有联系的城乡地域分工和经济体系。（2）市场协调。依据大市场原则，建立跨城乡、跨地区和跨所有制界限的统一市场（包括商品市场、要素市场等），规范市场行为准则，反对地方保护主义和市场贸易壁垒。（3）两个层次规划和建设协调。改变过去就城论城、就乡论乡的城乡分割的规划和建设做法，把卫星城市居民点、工业布局、基础设施网络作为整体进行统一规划和建设，尤其要做好城乡土地利用的总体规划。（4）生态环境的协调。目前城乡环境污染有由点到面扩散蔓延的趋势，要扭转城乡相互污染状况，必须从城乡两方面着手，统筹安排有污染工业布局，统一协调环境整治和保护。（5）体制与政策协调。继续消除或修订计划体制下影响中心城市与卫星城市协调发展的有关制度、法规、条例和政策，将城乡生产要素流动和经济社会发展纳入法制轨道。

三 立法在保障首都功能战略转型和京津冀协同发展中的作用

中国目前处于社会主义发展与改革转型的关键时期，解决转型中的矛盾和问题，提升国家治理能力，需要创新国家治理手段，这就需要以法律法规为保障，建设社会主义法治国家。这种现代化法治的主要标志和要素在于：一要有法，二要有良法，三是要使法得到有效的实施。立法的重要性体现在它是一个国家法律法规建设的头等任务和前提条件，没有完备的法律法规体系，社会主体无法可依或无所适从，就难以推进社会主义法治建设。

随着城市经济的发展和社会的全面进步，目前通过授权而进行的城市立法在我国的立法体系中越来越占据重要的地位。北京作为中国最重要的城市，有法可依是转型时期依法治理首都的前提，只有具备完备的法律体系作为保障，才能更好地引导、规范和约束公民和政府的行为，使之依法办事，循章而为，才能为构建平安首都、和谐首都创造良好的基础。立法在保障首都战略转型中的作用主要体现在以下两个方面：

第一，使宪法、法律、行政法规和国家大政方针在首都范围内得以有效实施。首都的特殊性在于它不仅仅是一个地方单元，更充当着国家主权象征的角色，它是属于全中国人民的，所以首都在转型时期面临的许多问题事关全国人民的利益与福祉，这就需要中央对首都立法，或由中央授权首都北京先行立法，来规范首都的性质和功能，保障首都的进步与发展。

第二，通过首都立法保障首都功能的实现。首都立法不同于一般的地方立法，应具有与首都功能定位和功能实现需求相对应的"自主性"，主要表现在它可以依据授权赋予北京在维护首都建设和发展、解决北京"城市病"问题等方面的特殊事权，推动首都功能的战略转型。

（一）明确首都的法律地位

《宪法》第138条规定："中华人民共和国的首都是北京"。首都也称国都、首府，我国古代还称京城、京师。现代各国都明确规定自己的首都所在地，通常是一国的政治中心，国家最高领导机关的所在地。

1949年9月27日中国人民政治协商会议第一届全体会议确定，中华人民共和国国都定于北平。自即日起，改名北平为北京。1954年宪法确认了这个决议，并将"国都"改称为"首都"，此后1975年、1978年和1982年宪法也作了相同的规定。

首都是一个主权国家的象征。世界上大多数国家的宪法都有关于国旗、国徽、首都、国歌的规定。以亚洲45个国家为例，除中国外，其他44个国家在宪法中规定了首都的有阿塞拜疆、巴林、朝鲜、格鲁吉亚、哈萨克斯坦、吉尔吉斯坦、卡塔尔、科威特、黎巴嫩、马尔代夫、马来西亚、孟加拉、塞浦路斯、土耳其、土库曼坦、叙利亚、亚美尼亚、伊拉克、约旦、越南等20国，占亚洲45国的44.5%。首都的核心地位集中体现在三个方面：一是作为国家政权机构中心、国家法律政策中心和民族国家整合中心的政治地位；二是作为国防指挥中心、国内稳定中心的卫戍地位；三是作为国家主权与外交中心、国际金融贸易中心、国际文化交流中心的国际地位。

在宪法中对首都的地位加以规定，一是首都在全国行政单元中具有特殊地位，有别于其他行政单位；二是首都立法获得了基本的法律依据和正当性的根源；三是为保障宪法中首都的特殊地位，有必要通过具体的立法措施来规范和保障首都的地位。此外，首都地位和功能的特殊性要求北京市加强立法保障来实现功能定位，以更好地为中央党政军首脑机关正常开展工作服务，为日益扩大的国际交往服务，为国家教育、科技和文化发展服务，为市民的工作和生活服务。[①]

（二）规定首都的功能

明确首都功能，即首都立法首先要关注的是首都所具有的或应该具有的基本功能以及实现这些功能需要的管理事权和职责。首都城市功能问题是民族国家构建与发展的重要理论问题之一。现代国家首都的城市功能问题要比在传统社会中复杂得多，首都城市的发展状况成为衡量一国政治、经济、文化与管理水平的"晴雨表"。明确首都功能，一方面有助于明确首都与中央及其他地方的区别与联系；另一方面也有助于明确立法的重点，完善首都的现代治理。

北京是我国的政治中心、文化中心、国际交往中心和科技创新中心，这就从根本上决定了首都的每一项改革发展决策都要符合这个城市的性质和定位，同时善于通过首都立法，保障首都各项功能的发挥。这是首都城市性质赋予北京地方立法的重要使命，也是

[①] 杨丽：《北京市首都功能核心区发展评价研究》，硕士学位论文，中央民族大学，2009年。

北京市地方立法不同于全国其他省市地方立法的重要区别，具有唯一性的特征。① 把握首都国家立法与地方立法特色，一方面要把握宏观性、普遍性要求，另一方面要把握解决问题的针对性和特殊性要求。具体地说，就是首都立法要充分反映本地政治、经济、地理、文化、民情等对立法调整的需求程度，并且首都立法要有较强的、具体的针对性，注意解决本地突出的问题，把立法同解决本地实际问题结合起来。

1. 政治中心需要立法确认

马克思主义国家学说认为，国家政权的首要功能是统治功能，同时也是一种公共管理权力。首都城市是国家的政治管理中心，它通过各种政治制度、设施与行为，为维护国家统一的政治管理而发挥其应有的功能。北京首先是中国共产党中央委员会、全国人大及其常委会、国务院、中央军事委员会、中国人民政治协商会议全国委员会、最高人民法院、最高人民检察院等党和国家领导机关的所在地，我国的重大政治活动，如召开两会、国庆阅兵、重大纪念活动等都聚集于此；其次，北京作为首都是中华人民共和国的主权的象征，这里云集了世界各国驻中国的使领馆，是

---

① 唐莹莹、陈星言：《北京市地方立法特色及实现路径》，《新视野》2012 年第 5 期。

中外领导人政治交流的中心。

通过首都立法对北京首都的政治地位加以确认，主要具有以下三个方面的内容：第一，对中央和北京市地方政府的关系进一步界定。首都作为一个特殊的地方行政单元，应该积极履行职能，发挥作为政治中心的优势，构建科学的中央和地方事权划分体制和范围。首都立法有助于进一步明确中央与地方政府在国家中的地位，规范、界定中央与地方的专有权力与共有权力，保障权力的调整界限及运作过程。[①] 首都立法对于保证中央政令畅通、发挥地方积极性十分重要，一方面把不该管的放下去，这样就有更多精力把该管的管起来；另一方面有利于北京地方政府积极性的充分调动，更加具有创造性地开展工作。

第二，通过授权首都立法，可以授予首都有关机关与部门更大的管理权限，合理划分和依法规范各级行政机关的权限和职责，加快建立权责明确、行为规范、监督有效、保障有力的行政执法体制。市人大常委会、市人民政府、市高级人民法院和市人民检察院在各自的职权范围内，分别制定有关立法和监督、依法行政、司法、法制宣传教育、法律服务等方面的实施方案。创新社会管理手段，提升现代治理能力，努

[①] 崔仕臣：《中央政府与地方政府之间关系探析》，《广西民族大学学报》（哲学社会科学版）2007年第6期。

力实现建设民主法治之都、文明有序之都、安全稳定之都的目标。

比如，天安门广场作为首都乃至全国的一个标志，在全国人民心中有很重要的位置，其不但是升降国旗和重大纪念活动的聚集地，著名的旅游景点，也是民意表达的一个场所，但是也极易发生交通拥挤、管理混乱以及安全事故等问题。北京市在立法方面并没有对非法集聚问题、游客乱扔垃圾等问题进行有效的规制，北京市地方政府规章《北京市天安门地区管理规定》中规定了天安门地区管理委员会的任务是"维护天安门地区的社会秩序，加强天安门地区的综合治理"，但其承担的更多的是协调、沟通、监督的职能，不具备相应的行政权力，如在环保、交通等方面缺乏明确规定，应急预案也不详细。另外，由于缺乏法律法规的授权，一方面在其执法过程中拥有更大的自由裁量权，容易产生不良影响；另一方面则会导致其管理权受到限制，不能更好地发挥维护天安门地区的稳定和综合治理的作用。通过首都立法可以赋予天安门地区的有关管理部门与职责相配套的职权，更好地维护天安门地区的秩序。

第三，以首都立法保障和规范国家重大活动的举行。举办重大国事活动是首都政治中心功能的体现形式之一。国家重大活动能否顺利举行，关乎一国的安全、荣誉和利益。首都为保障国家重大活动顺利举行，一方面，应从立法上对国事活动场所及基础设施的使用程序、范围、时间加以规定，对于公民在首都生活的权利和义务加以确认和保护，从而使首都能够担负相应的功能；另一方面，在采取常规管理措施不能满足需要的情况下，针对可能存在的风险和影响，需要采取预防性、临时性专项行政管理措施，也可以在公共安全、社会秩序、道路交通、生产经营、环境保护等方面采取保障措施。由于这些管控措施可能会涉及对公民人身、财产和其他权利的限制，所以也需要以立法的形式予以授权和规范。

2. 文化中心需要立法确认

北京作为全国文化中心的内涵表现在七个方面：实践社会主义核心价值观的首善之区、国家文化象征和民族优秀传统文化的代表地、国家文化体制改革和文化政策策源地、文化人才聚集和国内外文化交流的中心、全国人民文化需求和文化消费的服务中心、公共文化服务体系比较完善的城市、文化创意产业快速发展的聚集区。在这七个层面上，充分发挥北京在文化建设中的代表展示功能、示范带动功能、向心凝聚功能、服务保障功能、辐射影响功能，从而在改革、发展中，提升文化自信和文化自觉，推动首都科学发展，通过吸收各地区、各民族的优秀文化成果，向世界展示北京的文化形象。①

通过立法确认首都文化中心地位的目的：一是保护作为历史文化名城的北京，使北京持续具有世界历史文化名城的国际形象和文化形象，打造国际文化都市；二是在城市现代化和国际化的进程中，为把北京建设成为具有中国特色和首都特色的文化名城，为推进首都文化大发展大繁荣提供有力的法治保障。当前，一方面，文化立法活动引起了国家和社会的高度重视，这为加强首都在立法中强化其文化中心的地位和推进文化产业的创新和发展创造了良好机遇和氛围；另一方面，现行的文化法规已经不足以支撑和保障首都文化事业和文化产业的发展，因此更加需要在立法中确认和保障首都文化中心的地位和功能。

（1）引导首都新一轮文化发展的需要。为了贯彻落实党的十八大以来提出的各项文化建设目标，不仅要大胆改革、创新，勇于实践，而且还要根据文化发展的规律和经验，科学地制定相应的法律、法规，充分发挥法律的引导、调节功能。

（2）深入贯彻和落实国家文化体制改革的需要。深化文化体制改革，是党中央在科学判断国际国内形

---

① 金元浦、王林生：《北京世界城市与国家文化中心建设研究综述》，《北京联合大学学报》（人文社会科学版）2012 年第 4 期。

势，全面把握当今世界文化发展趋势，深刻分析我国基本国情和战略任务的基础上做出的关系全局的重大战略决策。文化体制改革既会引起现有文化法规的变动，也会产生新的立法需求。北京作为全国的文化中心，需要以体制机制创新为突破口，以立法作为保障，不断深化文化体制改革，不断解放和发展文化生产力。

（3）保障和实现首都人民基本文化权利的需要。文化立法根本的目的，是实现最大多数人的基本文化权利，包括文化创造的权利和文化消费、参与的权利。这就要求首都政府部门在诸如公共文化设施建设、文化遗产保护、参与文化产业发展等许多方面加强宏观调控，加强立法保障。

（4）维护文化安全和促进国际文化交流的需要。通过立法维护国家文化主权，依法对允许进入国内的国外文化产品、文化资本进行规范管理，同时还要运用法律手段保障和促进我国文化事业和文化产业的发展，提高文化竞争力。

推动首都文化繁荣和发展，很大程度上取决于首都整体的制度设计与安排。确保首都的文化中心地位，需要在首都立法思路上实现"两个转变"：一是将立足点从保护部门利益转变到维护实现公民和组织的文化权利上来，这些文化权利包括文化生活参与权、公共文化消费权、文化创造权和文化成果保护权等；二是将立法的重点从便于行政管理转变到促进文化发展和艺术繁荣上来，深化文化领域"放管服"改革。

3. 国际交往中心需要立法确认

随着我国国际地位的不断提高，北京作为国际交往中心，在国际事务和国际交往中发挥着越来越重要的作用。以立法确认和保障首都作为国际交往中心的重要地位和功能，主要可从两个方面着力：一是抓住提高中国国际地位的历史机遇，全面提升北京的城市功能和城市影响力，彰显首都作为国际都市的良好形象，提高首都的城市竞争力。提高城市竞争力要形成北京独特的优势，既要加强硬件建设，又要深入挖掘城市的历史传统、文化底蕴、市民风范、生态环境等软实力要素，提升北京在全球的知名度与美誉度。二是北京作为全国政治、文化和国际交往中心，是外国驻华使馆和国际组织代表机构的聚集地，维护外国驻华外交机构的安全是当然的职责，更是事关首都稳定和国家安全与利益的大事。近年来，国际形势风云变幻，影响外国驻华外交机构安全的不稳定因素日趋复杂，安保工作任务的内涵更加丰富，这就需要通过首都立法授权和界定相关部门的职责任务，对外国驻京外交机构进行有序管理，维护中国的良好国际形象。

4. 科技创新中心需要立法确认

北京拥有丰富的科技创新资源，是全国的科技创新中心。北京作为全国技术创新网络的重要枢纽和大量创新技术成果的产出地，对全国的科技创新具有引领辐射作用，在国际上则代表着国家参与技术合作和产业竞争。科技创新能否取得成功，取决于自身的技术水平和市场需求，更取决于制度体系的激励、支持和保障。法律法规是最具权威的制度保障，对科技创新有着巨大的推动和促进作用。通过立法确认北京科技创新中心地位和功能，规范科技与首都经济、社会发展的关系，实现科技进步与经济社会发展有机结合，充分发挥北京引领全国科技创新的示范、辐射作用。

人才作为一个地区和国家发展最重要的资源，在社会的建设与改革中占据着重要的地位。北京在人才资源上有数量大、层次高、人才培养能力强、人才吸引力强四大优势，需要通过立法确立首都的人才战略，促进人才资源优势的发挥，为科技创新提供最具活力的动力源泉。

坚持和强化首都发展战略新定位，通过立法强化首都的科技创新引领者角色。在国家创新体系中形成具有独特优势的科技创新区域，产生一批标志性、领跑型的成果，储备一批前沿甚至是颠覆性技术，努力建设全球最具活力的科技创新中心和高端产业增长极。

（三）维护首都的稳定和发展

首都的繁荣和发展都离不开稳定的社会环境。维护首都稳定是党和国家的大事。北京作为全国的政治文化中心和国际交流中心，作为党中央与国务院的所在地，是国家的心脏与中枢神经。因此，首都立法的一个重要功能在于维护首都稳定，确保首都安全。一方面，首都立法有利于厘清中央政府与北京市地方政府之间、政府各个部门之间、政府与社会、公民之间错综复杂的权责关系，保障社会资源有效整合与融合，有效控制和及时化解社会矛盾和纠纷，奠定社会和谐稳定的基石；另一方面，首都立法的目的是在宪法范围内，从改革、发展、稳定的大局出发，着眼于首都稳定的特殊需要，解决法治手段不足、措施不够有力等问题，使首都建设和治理有章可循，有法可依，从而维护社会稳定与秩序。

四 国外首都与首都圈立法的基本体例

通过对美国、加拿大、澳大利亚等欧美国家以及日本、韩国等亚洲国家首都立法的考察可见,各国首都立法的体例与侧重点有所不同,但也有一些具备共通性的基本内容,包括对首都的界定、对首都机构和职权的规范、对中央(联邦)与首都区域事权划分的详细规定、对首都城市规划的关注等,这些都是推动我国首都立法时值得参考和借鉴的经验。

(一)"首都特区""首都圈"的概念和内涵

在外国的首都立法中,引入了"首都特区""首都圈"的概念,其中"首都特区"比较侧重于首都所承载的国家功能以及国家(中央)与首都(城市)的权力划分关系，而"首都圈"则更加强调首都城市的发展规模以及首都功能的定位与布局。

1. 首都特区

华盛顿哥伦比亚特区（Washington D. C.）是美国的首都，位于马里兰州和弗吉尼亚州之间的波托马克河与阿纳卡斯蒂亚河汇流处，其土地来自马里兰州和弗吉尼亚州。华盛顿哥伦比亚特区是美国联邦政府机关和很多国际组织总部的驻地，在行政上由联邦政府直接管辖，其最高权力机构为美国议会，通过华盛顿市政府实施管理。但是华盛顿市民在众议院仅有一名没有投票权的代表（delegate），在参议院没有代表。可见，首都作为美国联邦直接管辖的区域，与一般的行政区域在机构、职权、运行机制等方面都具有特殊性，它更强调和重视首都所承载的国家（联邦）功能，也正是在这个意义上，它被称为"首都特区"。

《国家首都规划法》是美国首都特区最重要的一项立法，有力保障了首都特区政治、经济、文化、环境的协调有序发展。美国国会在1952年通过了《国家首都规划法》（*National Capital Planning Act*），并于1954年和1961年相继作了城市规划，经过对7个方案的比较，1962年正式提出2000年的首都地区规划方案（人口规模为500万）。该方案以现在城市为中心，向外伸出6条放射形轴线。沿轴线分散城市的功能和建设项目，布置一批规模不同的卫星城镇或大型居住区。

根据1901年的澳大利亚联邦宪法草案，澳大利亚联邦首都应该拥有一块能供联邦政府自由使用的特区领地。澳大利亚首都特区（Australian Capital Territory, ACT）是澳大利亚联邦政府所在地，是澳大利亚辖区最小但人口最稠密的州层级行政区，它全境位于新南威尔士州境内。澳大利亚首都特区的首府是位于特区北部的堪培拉。堪培拉也是澳大利亚联邦的首都。建都之初首都领地直接由澳大利亚联邦政府管辖，1989年5月11日则建立自治政府，行使独立的管辖权，领地的最高行政负责人是首席部长（Chief Minister）。领地可以自行立法，但领地的立法权来源于联邦政府的授权，领地所订立的法律，联邦政府有权废止。

澳大利亚首都立法主要体现在宪法和澳大利亚首都特区法案［Australian Capital Territory（Planning and Land Management）Act, 1988］。《澳大利亚联邦宪法法案》第125条对政府所在地予以明确规定："联邦政府的所在地应当由联邦议会确定，应位于联邦所确认或获得的领土内，该地点应赋予并属于联邦，而且应位于新南威尔士州，距悉尼不少于100英里。该区域的范围应不少于100平方英里，该区域内属于皇室土地的部分应无偿授权联邦。在政府所在地召开会议前，议会应在墨尔本举行会议。"《国家首都特区法案》全称《规划澳大利亚首都特区、管理特区内土地、废除 1957 年国家首都发展委员会法案,并服务于相关目的的法案》(An Act to Provide for the planning of the Australian Capital Territory and the management of land in that territory, to repeal the National Capital Development Commission Act 1957, and for related purposes),简称《澳大利亚首都特区(规划与土地管理)法案1988》[Australian Capital Territory (Planning and Land Management) Act 1988] (Act No. 108 of 1988)。该法案制定于 1988 年,经过多次修订。

2. 首都圈

关于首都的概念,日本在其 1956 年 4 月 26 日通过的《日本首都圈管理法》中,也作出了明确界定,即首都圈是指东京都及法规规定的,与其形成一体的东京都周边地区。该法在对首都圈进行明确界定的同时也对其涉及的首都圈、市中心区、被纳入首都圈的近郊地区、城市开发区都做了明确规定。如"城市开发区"是指市中心区域和近郊管理区域以外的,位于首都圈区域内第 25 条第 1 款规定中指定的区域。与《日本首都圈管理法》相配套,日本内阁在 1956 年通过第 83 号法令,规定了实施该法的相关事项。该实施令第 1 条规定,《日本首都圈管理法》第 2 条第 1 款规定的周边地区包括埼玉县、千叶县、神奈川县、茨城县、枥木县、群马县及山梨县地区。原城市中心区的具体城市除东京都的特别区外,还包括武藏野市、三鹰市、横滨市、川崎市及川口市的部分区域。

关于首都圈的概念韩国和加拿大也有相应体现。为消解首都圈人口和产业的过度集中使首都圈得以有序均衡发展,韩国在 2013 年 3 月制定了《韩国首都圈管理规划法》,该法中的"首都圈"是指首尔特别市和总统令规定的周边地区。加拿大 1985 年制定《加拿大国家首都法》(National Capital Act of Canada),全称《尊重国家首都地区发展和改善的法案》(An Act Respecting the development and improvement of the National Capital Region)。其"国家首都地区"(National Capital Region)指的是加拿大政府所在地及其周边区域,具体包括安大略省的渥太华市、魁北克省的赫尔市和其周围城镇。

(二)机构设置与职权

1. 美国国家首都规划委员会

美国国家首都规划委员会(National Capital Planning Commission)是一个独立的行政分支机构,在国家首都区域发展中界定和保护联邦政府的利益。① 其中，可持续性对国家首都规划委员会保护和提升国家首都地区不同寻常的历史、文化和自然资源的使命至关重要。首都规划委员会的行为受《国家首都规划法》《国家历史保护法》《国家环境政策法》等法律规范的指引和约束。

2. 澳大利亚国家首都当局及其职能

澳大利亚国家首都当局（National Capital Authority，NCA）根据《首都特区法案》成立。国家首都当局在规划和发展国家首都时确保澳大利亚政府的利益，保证首都持续地服务于国家目的。国家首都当局的愿景是建设一个象征澳大利亚文化传统、价值和愿望的，得到国际承认的，让所有澳大利亚人为之骄傲的国家首都。国家首都当局的使命是建设所有澳大利亚人心中的国家首都。

《首都特区法案》规定了国家首都当局包括规划责任在内的职能，要求国家首都当局：（1）准备和管理（包括决定开发申请）"国家首都规划"；（2）保证"国家首都规划"处于持续的评估中，并在必要时提出修改建议。

---

① 国家首都规划委员会的工作机制和相关情况可访问该机构的官方网站（http://www.ncpc.gov/）。

3. 加拿大国家首都委员会及其职能

根据加拿大《国家首都法》第 10 条，国家首都委员会（National Capital Commission）的目标和目的是为国家首都区域的开发、保护和改善而准备规划并提供协助，以使加拿大政府所在地的性质和特征能与其在国家中的重要地位相称。国家首都委员会由 15 名成员组成，包括一名主席和一名首席执行官。立法对国家首都委员会权力的规定包括赋权和限权两个方面。一方面，为实现《国家首都法》的立法目的，国家首都委员会的权力包括如下几方面。

（1）获得、持有、管理和开发财产（财产指的是不动产、个人财产或任何利益）。

（2）委员会在其认为必要或者适当的情况下，向任何人出卖、授权、转移、出租、处分或者提供任何财产。

（3）建造、维护、经营公园、广场、公路、绿化道路、桥梁、建筑物及其他工程。

（4）建造、维护、经营或者许可他人经营娱乐、休闲、消遣场所，或者其他公共利益的场所。

（5）管理、保障和维护任何历史古迹或历史博物馆。

（6）对与国家首都区域有关的规划进行调查、研究。

国家首都委员会应当按照据《国家首都法》制定的整体规划，协调对国家首都区域公共土地的开发。此外，国家首都委员会可以按照据《国家首都法》制定的整体规划，修筑铁路及其配套设施。

对国家首都委员会职权的规定，除上述列举的授权条款外，也包括对国家首都委员会交易行为的限制性和禁止性条款。例如，除非获得加拿大内阁总理（Governor in Council）的同意，国家首都委员会不得：

（1）获取任何价值超过25000加元的不动产。

（2）签订期限超过5年的租约；或者准许期限超过49年的地役权。

除非根据《金融管理法案》第99条第2款的规定，否则国家首都委员会不得处分价值超过10000加元的不动产。

4. 日本国土审议会及国土交通大臣

根据《日本首都圈管理法》的规定，国土审议会负责答复国土交通大臣的咨询，并对与首都圈管理规划制定和实施相关的重要事项进行调查和审议。国土交通大臣对首都圈管理的相关事项具有相应的指定权和决定权，同时也需履行相关职责。如国土交通大臣可以在听取相关行政机构的首脑、相关都县及审议会的意见后最终确定首都圈的管理规划。国土交通大臣收到相关都县的意见申请的，应立即给予答复，并在制定首都圈管理规划后将此决定送达相关行政机构的首脑及相关地方政府，同时应根据国土交通省令的规定予以公示。上述首都圈管理规划的决定，因情况发生变化失去其合理性且有必要随之采取变更措施的，国土交通大臣可在听取相关行政机构的首脑、相关都县及审议会的意见后予以变更。

此外，为防止中心区近郊地域的无序城镇化，国土交通大臣为有计划地管理中心区和保护绿地，可将相关区域指定为近郊管理区。为缓和中心城区的产业和人口的过度集中，有必要对首都圈内的产业及人口采取适当调整的，在城市中心区和近郊管理区以外的首都圈范围内的地域，将适合发展为工业城市、居住城市及其他城市适当区域指定为城市开发区。此时国土交通大臣应听取相关地方政府及审议会的意见，并与相关行政机构的长官协商。

5. 韩国国土交通部长官及首都管理委员会

为解决首都圈的人口和产业的过度集中，《首都圈管理规划法》规定国土交通部长官在听取中央行政机构的首脑和首尔市市长、广域市市长或都知事的意见的基础上，应制定包括下列各事项在内的首都圈管理规划方案。

（1）首都圈的管理目标和基本方向相关事项。

（2）人口和产业等的布局事项。

（3）区域区分和各区域管理事项。

（4）诱发人口集中设施（学校、工厂、公共建筑、办公楼、商业建筑、培训设施及其他诱发人口集中的设施）及开发管理事项。

（5）特区交通设施和上下水道管理事项。

（6）环境保护事项。

（7）首都圈管理相关扶助事项。

（8）上述1—7的计划执行和管理事项。

（9）其他事项。

为审议首都圈管理规划及其健康发展相关重要政策，《首都圈管理规划法》规定国土交通部长官属下可设立首都管理委员会（以下简称"委员会"）。该委员会由国土交通部长官任委员长，另设19名委员审议首都圈管理相关重要事项。具体审议事项包括如下几方面：

（1）首都圈管理规划的拟定和变更事项。

（2）首都圈管理规划中的分类促进计划。

（3）首都圈管理相关政策和规划的调整。

（4）抑制过密区域中指定工业区的事项。

（5）原土地的利用计划。

（6）总量控制事项。

（7）大规模开发工程的开发规划事项。

（8）其他首都圈管理事项。

首都圈管理委员会中除委员长以外还有总统令规定的相关中央行政机构的次官，总统令规定的市、都的副市长或副知事，首都圈政策相关专家中被国土交通部长官委托的专家（至少5名以上）。受委员长委托者适用刑法第127条、第129条至第132条的规定时，视其为公务员。

委员会下设由行政机构公务员和首都圈管理专家组成的首都圈管理工作委员会，研究和调整委员会的审议案和委员会委托的事项，并向委员会提交报告和受其监督。

首都圈管理规划经过首都圈管理委员会的审议后，还需经过国务会议的审议和总统令的认可。变更上述计划需要经过相同程序。中央行政机构的首脑及都知事为实施首都圈管理规划，应制订其分管项目的实施计划并提交到国土交通部长官。此处实施计划经过首都圈管理委员会的审议确定后，应通知中央行政机构首脑和都知事。

（三）中央（联邦）与首都的事权划分

1. 美国首都规划中的联邦要素和特区要素

美国《国家首都规划法》中关于首都规划的机构

设置以及联邦政府与华盛顿市政府在首都建设方面的细致的事权划分关系，显示了立法的特点，也是值得我们借鉴的经验。基于《国家首都规划法》提出的"国家首都综合规划"（Comprehensive Plan of National Capital）是指导华盛顿及其周边区域规划和发展的文件。综合规划包含两部分内容：联邦要素和特区要素。

联邦要素由国家首都规划委员会准备，它为联邦政府在国家首都区域内的运行和活动提供了一个政策框架。联邦政府在首都地区的广泛的多层次利益涉及联邦土地、建筑物、企业及其可持续性，具体包括：交通、联邦办公场所（地址、影响与社区）、公园和空地、联邦环境、外国使团与国际组织、访客、维护历史特征等。

（1）联邦工作场所。处理联邦设施的位置及其与地方当局的协调的政策，以期对周边及首都区域整体产生最大限度的积极影响。

（2）外国使团和国际组织。制定政策，以指导属于外国政府和国际组织的设施的位置，以确保它们的发展与周边区域的利用相协调。

（3）交通。制定政策，以促进多种模式的区域交通体系和以公共交通为导向的发展，以改善整个区域的自由流动性和空气质量。

（4）公园和空地。制定政策，以支持国家首都公园、海滨以及其他休憩用地的象征意义、休闲性、社会的和生态的价值。

（5）联邦环境。制定政策，引导联邦活动和管理联邦财产，以维持、保护、提升地区自然资源的质量。

（6）维护历史特征。制定政策，支持首都形象与身份，尊重"L'Enfant 和 McMilan"规划，保持首都环境、建筑和场所的象征意义和历史特征。

（7）访客。展现国家的和市民的文化的机构，确保访客有愉悦的并受到教育的经历。

特区要素由特区政府开发，包括传统的城市规划问题，例如土地使用、住房、经济发展等。具体而言，特区要素包含13个全市范围的要素，以及10个区域要素。

（1）框架：综合规划的基础。

（2）土地利用。指导特区范围内土地利用问题的总体政策。

（3）交通。维持和改善特区交通系统，以及提升居民、访客、工作者目前及将来的旅行选择的政策和行动。

（4）住房。说明住房对于特区地区质量的重要性，以及提供住房对于所有阶层的人口的重要性。

（5）环境保护。保护、恢复、管理特区的土地、空气、水、能源和生物资源。

（6）经济发展。特区经济的未来，为特区目前及将来的居民创造经济机会。

（7）公园、娱乐、休憩空地。承认并发挥公园对于娱乐、审美、地区特征以及环境质量的重要作用。

（8）城市设计。特区的设计结构及视觉质量。

（9）保存历史。保护、复兴、保存城市中珍贵的历史财产。

（10）社区服务及设施。保健设施、育儿、养老设施、图书馆、警察局、消防局，以及其他市政设施。

（11）教育设施。特区教育设施及校园的选址、规划、利用和设计。

（12）基础设施建设。特区生活用水、生活污水、地表水、固体废弃物的管理，能源及通信系统的政策和行动。

（13）艺术和文化。保存并促进特区的艺术。

2. 澳大利亚首都特区双重规划制度

澳大利亚政府对堪培拉服务于国家目的的角色和功能负有责任。这意味着，澳大利亚政府在决定国家首都，以及保证首都服务于国家利益方面，对全体澳大利亚人民负有责任。澳大利亚政府这种持久的利益和承诺对于将堪培拉上升为国家首都及其未来发展至关重要。为此，澳大利亚首都建构了国家首都规划与特区规划并行的双重规划制度。

《首都特区法案》第 9 条规定 "国家首都规划"（National Capital Plan）的目标是 "保证堪培拉及特区按照与其在国家中的重要地位一致的方式进行规划和发展"。具体而言，"国家首都规划"的具体目的是保证联邦在特区内的国家首都利益得到充分的保护，另外，属于堪培拉及特区专有权力的事项联邦不予参与。其中，"在国家中的重要地位"包括以下事项。

（1）堪培拉及特区作为国家首都在功能上的领先地位。

（2）保持并提升赋予国家首都特征与环境的地貌特征。

（3）尊重沃尔特·贝理·格里芬（Walter Burley Griffin）先前已经被采用的对堪培拉的规划中的基本要素。

（4）创造、保存并提升服务于国家机构、仪式以及国家首都用途的适当的场地、路径和背景。

（5）发展一个既尊重环境价值又反映国家关切的具有可持续发展特征的澳大利亚城市区域。

以上事项反映了澳大利亚国家首都的独特目的、环境、特征和象征意义的价值。

为使国家首都规划的上述目标切实有效，《首都特区法案》第 10 条进而规定了堪培拉及特区规划的原则和政策，并列举了应该在"国家首都规划"中包含的事项。

（1）"国家首都规划"可以指明一块具有国家首都的特殊特征的土地为"指定区域"。

（2）"国家首都规划"：①应当界定规划的原则和政策，以落实规划的目标。特别是，规划应当设立标准，以保持和提升国家首都的特征；在发展国家首都时应设定一般标准并遵守审美原则。②应当设定在整个特区执行的一般政策，包括土地使用的政策（包括准予使用的土地的范围和性质），以及规划国家和主干道系统的政策。③可以在指定区域内规定规划、设计和发展的具体条件，以及在执行这些规划、设计和发展过程中的优先事项。④可以规定为发展任何区域（非指定区域）的具体要求，这些要求应当与首都利益相称。

"国家首都规划"界定了具有特殊的国家首都特征的区域为"指定区域"。在这些指定区域，国家首都规划设定了为国家首都利益而开发的特定要求。指定区域中从属于规划的工程（Works）由国家首都当局负责审批。原则上，在不影响1974年《国会法案》第5条的实施的前提下，除非工程与国家首都规划相一致，且开展工程的提议包括计划及详细说明已经提交国家首都当局并获得了书面批准，否则在指定区域不得进行任何工程。

在一些区域，国家首都规划设定了为国家首都利益而开发的特定要求。一般来说，特定要求需要准备发展控制规划（Development Control Plan），后者由国家首都当局批准。考虑到指定区域对于国家首都特殊特征的特别重要性，"国家首都规划"也规定了规划、设计和发展指定区域的详细条件。概言之，"国家首都规划"的主要内容如下：

第一部分：原则、政策和标准，指定区域和特别要求

第二部分：管理与执行

附件A：土地使用的定义

附件B：一般定义

附件M：居住

附件N：在居住土地上的商业行为

附件O：老年人配套居住的土地

附件X：联邦公路规划、设计和开发的详细条件

《首都特区法案》确立了规划的效力：（1）特区规划不得与国家首都规划相冲突。特区规划在与国家首都规划不相一致的范围内无效；但是特区规划若能够与国家首都规划同时运行，则在此范围内特区规划应被视为有效。（2）联邦、联邦当局、特区、特区当局不得有任何与规划不一致的行为。（3）规划不具有

溯及既往的效力。

在特区规划方面，澳大利亚首都特区政府对通常的日常规划和发展事项负责。具体而言，根据《首都特区法案》第25条的规定，特区规划包括两个方面的内容：（1）为实现规划目标，应当界定规划的原则、政策；（2）可以包括规划、设计、开发土地（不包含指定区域）的详细条件，以及在实施这些规划、设计和开发过程中的优先事项。同时，《首都特区法案》确立的特区规划目标是"以不与国家首都规划相冲突的方式，确保对特区的规划和开发应当为特区内人民提供有吸引力的、安全的、高效的生活、工作和休闲环境"[①]。

在首都特区双重规划制度中，一方面，《首都特区法案》已经明确规定，国家首都规划要较特区规划优先考虑。进一步讲，根据《解释备忘录》的说法，"国家首都规划对澳大利亚首都特区和联邦均具有法律拘束力"。另一方面，这两个规划应当是相互补充的。

特区规划当局应当根据澳大利亚首都特区立法会制定的法律设立，并由该法律授予包括以下职能在内

[①] 特区的规划可访问澳大利亚首都特区规划和土地管理当局（Australian Capital Territory Planning and Land Authority）的官方网站（www.actpla.act.gov.au）。

的职权：准备、管理一项与"国家首都规划"不相冲突的规划；保持对该规划的评估，必要时提出修正案。

法律还应当规定：（1）制定规划以及规划修正案的程序，包括查明和考虑公众意见的程序；（2）澳大利亚首都特区行政机关向特区规划当局下达的任何指令的公告；（3）公正、及时审议有关土地（不包含指定区域）规划、设计、开发的决定的适当类别的程序；（4）要求特区规划当局与国家首都当局征询关于制定规划及其修正案的意见，并向国家首都特区行政机关提交书面报告，汇报上述征询情况以及国家首都当局的意见。

3. 日本首都圈管理规划与国土形成规划

首都圈管理规划是指依据法律，由《首都圈管理规划法》确定的事项。其具体内容如下：

（1）首都圈的人口规模、土地利用基本方向及其他首都圈管理的基本事项。

（2）市中心区、近郊管理区域及城市开发区管理相关事项中的核心内容。

①土地管理事项。

②道路管理事项。

③铁路、轨道、机场、港口等交通设施管理相关事项。

④电力通信等通信设施相关事项。

⑤公园、绿地等的管理事项。

⑥自来水、下水管道、污水处理设施等供给设施及处理设施相关事项。

⑦河流、水路及海岸等相关事项。

⑧住宅等建筑物相关事项。

⑨学校等教育文化设施的管理。

⑩其他与首都圈管理相关，且由法律规定的事项。

《首都圈管理规划法》应与《国土形成规划法》（1950 年法律第 205 号）第 2 条第 1 款中的国土形成规划相协调。即不得与国土的利用、管理和保护相关整体规划相矛盾。具体为如下几方面：

（1）土地、水源及其他国土资源利用和保护相关事项。

（2）海域的利用和保护相关事项。

（3）地震灾害、水灾、风灾及其他灾害的预防和减轻相关事项。

（4）城市、农林渔村的规模及配套设施的调整和管理相关事项。

（5）产业布局事项。

（6）交通设施、信息通信设施、科学研究设施及其他重要公共设施的利用、管理和保护事项。

（7）文化、卫生、旅游相关资源的保护及设施利用相关事项。

（8）为营造良好的国土环境及其他环境保护以及形成良好的景观所需事项；首都圈管理规划应为预防污染的发生给予必要的考虑。

首都圈管理规划相关工作除依据《首都圈管理规划法》外，还应根据该项工作相关法和实施令的规定，由国家和地方政府或相关机构来实施。国家认为需要为首都圈管理规划相关事务提供资金的，可向需要执行该项事务的地方政府拨付普通财产。

（四）首都立法的主要内容

首都立法是由规定首都区域范围、目标、功能等问题的基本法律和相关配套立法组成的规范体系。作为有关首都功能定位和功能实现的基本法律，主要包括首都描述、机构设置与职权、中央与地方事权划分、城市规划的制定和实施等内容。

1. 澳大利亚《国家首都特区法案》立法的架构和内容

以澳大利亚《国家首都特区法案》为例，其立法的架构和内容如下：

第一章　序言

第二章　国家首都当局的建立、职能、权力

第三章　国家首都规划

　　第一节　国家首都规划的目标和效果

　　第二节　国家首都规划的准备

第四章　特区规划

第五章　土地管理

第六章　国家首都当局的组织结构和会议

第七章　国家首都当局的管理

第八章　杂项

第九章　过渡条款

2. 日本首都立法体系

在首都城市发展中，由于城市规模的不断扩大，人口问题、环境问题、中央和地方财政负担问题等不断凸显，为了维护城市生存与发展的协调、城市需求与供给的平衡，保证首都城市的健康可持续发展，日本、韩国等国家以首都圈管理法为基础，针对首都发展出现的具体问题制定了具体的配套立法，形成了比较全面和细致的首都立法体系。

日本首都立法体系主要由五个部分组成：一是，《首都圈管理法》及其实施令。这是日本首都立法的基础性法律，除上文阐述的《首都圈管理法》的核心内容外，实施令还对市中心区、近郊管理区域及城市开发区管理相关事项中的核心内容，道路交通设施、铁路、轨道、机场、港口等相关事项的基础范围，电力通信设施管理中的核心事项，邮政业务用设施的配备规划，电力通信线路建设规划，以及公园、绿地相关核心事项，地下管线和污水处理、河流、水路及海岸相关核心事项，住宅等建筑物的核心事项，学校和教育文化设施配备范围等作了详细规定。

二是，首都圈、近畿圈及中部圈近郊管理相关国家财政特别措施法。为确保《首都圈管理规划法》的顺利实施，日本在1966年1月出台法律第140号，即《首都圈、近畿圈及中部圈近郊管理相关国家财政特别措施法》。该法第3条规定了首都圈管理规划中由国库负担的部分和地方财政负担的部分。依据《首都圈近郊管理地带管理规划》的规定，在住宅、道路和港湾及其他政令规定的主要设施方面，如依据法律规定相关都府县负担的金额超出核算的，国家将同意该都府县发行地方债，作为资金的充实手段。在国家同意或许可发行的地方债中，对年利率超过法定利率的部分，国家可给予一定的财政支持。除上述规定外，该法还就国家负担的比例和特定项目、国家负担金额的计算方法等规定了详细的操作流程。

三是，首都圈近郊绿地保护法及其实施令。为保护首都圈近郊配套地区良好的自然环境，营造首都及周边地区居民现在和未来的健康生活环境，进而促进首都圈秩序的有序发展，促进首都圈近郊配套地区的有序城镇化，日本于1966年6月出台《首都圈近郊绿地保护法》。该法第2条对近郊绿地做出明确界定，即近郊管理地区的绿地，包括树林、水域或类似土地、单独或成为一体或相邻的土地成为一体形成良好的自然环境且具有相当规模的土地。

日本内阁根据《首都圈近郊绿地保护法》第6条第9款、第8条第4款第2项及第5项、第9条第9款第2项的规定，在1967年2月制定了《首都圈近郊绿地保护法实施令》。实施令第1条规定了征收委员会的裁决申请程序和可能影响近郊绿地保护的行为。第2条列举了保护区内需要申请方可实施的行为：（1）建筑物的新建、改建或增建；（2）建筑物以外的工作物的新建、改建或增建，包括临时建筑物、地下工作物、悬挂户外广告所需工作物，以及供电用线路、有限电力通信用线路或空中线路的新建、改建或增建；（3）变更特定土地性质（面积在60平方米以下土地的性质、变更地下土地的性质）；（4）竹木的采伐；（5）其他需要申请的行为。

公益性特别强的行为，如机动车专用车道的新建、改建、维护和修缮；复建灾区所需道路的改建、维护、修缮或其他灾区复建相关行为；河流的改良工程或管理行为；水资源管理相关行为；防沙工程或防沙设备的管理；地面防滑工程或防滑设施的管理行为及其他城市管理相关20多项行为均需要提前提出申请。

此外，根据《首都圈近郊绿地保护法》第8条第1款和第15款以及《首都圈近郊绿地保护法实施令》第1条的规定，日本于1967年12月又制定了《首都圈近郊绿地保护法实施规则》。实施规则对提交征收委员会的裁决申请书的样式、保护区内实施特定行为申请的程序、国土交通省令规定的标准、管理协定的公告内容做出了详细规定。

四是，首都圈近郊管理地区及城市开发区管理法。为顺利开展首都圈的建设及其有序发展，建设近郊管理地区及城市开发区内的住宅及其他近郊管理和城市开发区管理所需事项，将近郊管理区有序建设成小城镇，将城市开发区建设成为工业园区和居住区以及其他类型区域，日本在1958年4月制定了《首都圈近郊管理地区及城市开发区管理法》。该法对近郊管理地区、城市开发区、近郊管理地区管理规划、制造厂、工业园区营造工程、公共设施等进行界定。其中近郊管理地区的城镇规划中，在城市开发区中指定城市规划区，无须听取相关市镇村的意见。

五是，其他相关立法。除上述4个单项法律外，日本还在环境基本法、环境影响评价法及其实施法、综合特别区域法中也设有关于首都环境建设以及综合城市建设等方面的规定。

3. 韩国首都立法体系

韩国的首都立法体系由三个部分构成：一是《首都圈管理规划法》。该法除规定了首都圈的区域范围、首都圈规划的机构、职权和程序外，还有一些比较有针对性、有特点的内容值得注意，在北京首都功能定位、疏解和保障立法中也有重要的借鉴意义。

（1）各区域的区分和指定、行为限制

为合理布置首都圈的人口和产业，该法将首都圈分为以下几个区域：第一为"过密抑制区域"，即人口和产业过度集中或有可能需要迁移和管理的地区；第二为成长管理区域，需有计划地引导过密抑制区域的人口和产业，并有必要合理开发和管理的区域；第三为自然保护区域，即有必要采取保护措施的汉江水系水质和绿地等自然环境区域。

在这三个区域内，相关行政机构首脑的许可、认可或协议等行为将受到限制。在过密抑制区域内的行为限制主要指，新建或增建总统令规定（实施令第3条）的学校、公共建筑、培训设施及其他容易诱发人口集中的设施以及工业区域的指定。但在总量控制范围内，可以新建工业大学、专科大学或综合性大学。此外，经过首都圈管理委员会审议的公共建筑物的新建、增建或变更用途也可不受限制。在成长管理区域内的行为限制主要指，为合理发展成长管理区并避免人口的过度集中，该区域行政机构首脑不得增建或许可学校、公共建筑、培训设施及其他诱发人口集中的设施。行政机构首脑欲于成长区域内指定工业区的，应在总统令规定的范围内按照首都圈管理计划的规定为之。在自然保护区内的行为限制主要指，该区域行政机构的首脑不得在自然保护区内许可或实施特定行为。如以居住、工业和旅游为目的，超出总统令规定的种类和规模的开发项目；新建或增建学校、公共建筑、办公楼、商业楼、培训设施及其他易诱发人口集中的设施。

(2) **土地和税收措施**

国家、地方政府或《公共机构运营法》规定的政府机构，对于将抑制过密区内的诱发人口集中设施迁移到成长管理区内者，可使其优先得到相关土地。国土交通部长官或市长、都知事为使抑制过密区域内易诱发人口集中设施迁移后的土地，变更为非诱发设施的土地，可采取《国土规划与利用法》等法律中规定的变更措施。相关行政机构的负责人如在原土地上新建或增建诱发人口集中设施或作出许可的，应提前拟订计划并经过首都圈管理委员会的审议与国土交通部长官协商或征得其同意。

在属于总统令规定的抑制过密区域内建筑办公楼、商业楼、公共建筑及其他总统令规定的建筑物的,行为人应缴纳过密税。具体计算方法在该法实施令中有详细规定。税款50%归属《国家均衡发展特别法》规定的地域发展特别账户,50%属于被征收建筑物所在市和都。在特定情况下,按照总统令的规定,过密税也可以得到减免:国家或地方政府所建的建筑物;《城市与居住环境管理法》中的城市环境管理工作相关建筑物;用于停车或其他总统令规定的用途的建筑物;建筑物中总统令规定面积以下的部分。

(3) **量化控制**

为防止诱发人口集中设施过分集中于首都圈,国土交通部长官应规定新建或增建建筑物的总许可量,对于超出的部分可以作出限制。关于工厂的总量控制的内容和方法,应按照总统令的规定经过首都圈审议委员会的审议后确定,国土交通部长官应予公示。相关行政机构的负责人不得作出与上述总量控制内容相悖的许可。

(4) **大规模工程的控制**

相关行政机构的负责人欲于首都圈内实施或许可大规模开发工程的,应将该开发规划呈报首都规划管理委员会审议并与国土交通部长官协商或征得其同意。国土交通部长官欲实施或许可大规模开发工程的,亦需经过上述程序。相关行政机构的长官依据上述规定提交首都圈管理委员会审议的,应提出解决交通、环境污染问题及人口集中等问题的方案,以及总统令规定的广域基础设施的设置规划方案。上述预防交通问题、环境污染问题的方案应依照《城市交通管理促进法》和《环境影响评价法》的规定,预防人口集中问题的人口诱发效果分析、逐减方案所需必要事项则需依据总统令的规定。

二是《首都圈大气环境改善特别法》。韩国首都圈地区长期饱受大气污染的困扰,为改善首都地区的大气环境和有序管理大气污染源,保护区域居民的健康和营造宜居城市,韩国于2003年的12月出台了《首都圈大气环境改善特别法》,明确了各主体的环境责任:(1)国家和地方政府的职责。为改善首都圈地区的大气环境,国家应制定和实施综合性的政策。管辖大气管理地区的地方政府,应考虑相关区域的社会、环境特点制定和实施改善大气环境的详细措施。为审议和管理首都圈地区大气环境相关措施,韩国政府设立了首都圈大气环境管理委员会并赋予其制定和实施基本规划、营业地点污染物总量管理以及其他必要事项管理的职责。(2)经营者的责任。在大气管理区域内从事经营活动的人，为预防其经营活动造成大气污染而应积极采取措施，并积极协助落实国家或地方政府实施的环境保护措施。（3）居民的责任。居住于大气管理区域的居民，应为减少汽车行驶等日常生活中的大气污染而努力，并应积极协助国家和地方政府实施的大气环境保护措施。

为确保首都圈地区的大气环境改善所需费用的充裕，市、都可以开设大气环境改善特别账户。上述账户主要经费来源于国家补助、普通账户和特别账户的转入、借款及前三者的盈利部分。特别账户的资金主要用于污染预防设施的设置和运行、新能源汽车的普及、降低汽车尾气排放的装置、老旧车辆的提前报废费用等。

三是《新行政首都特别法》。为减少首都圈过度集中的副作用，对首都功能作出分解，将首都的部分行政功能转移到其他地区，韩国于2014年开始实施《新行政首都特别法》。该法规定，国家应为分解首都圈压力和国家均衡发展的方向发展而努力，地方政府则为了行政中心复合都市的建设，应协助实施依据本法规定的各种程序和措施。

韩国为创造全国各地区依其地域特点均衡富裕的国土条件，在该法中规定并推动公共机构的地方迁移、首都圈发展对策、落后地区开发、地方分权等国家均衡发展对策和行政中心复合都市的建设,引领国家的均衡发展,同时也使首都圈区域发展成为自然和人文和谐发展的亲环境都市、具备便利性和安全性的人文中心都市以及文化和尖端技术协调发展的文化信息都市。

五 关于首都功能定位和京津冀协同发展的政策和法律分析

（一）首都的区域范围和区域区分

从现行宪法和北京市的城市发展规划来看，关于首都的规范表述就是"中华人民共和国首都是北京"，或者反过来说"北京是中华人民共和国的首都"，二者对北京的地域范围、特征、功能、机构、权限等都没有具体的规定。近年来，交通、住房、公共服务和环境污染等方面的矛盾凸显，已成为影响首都协调可持续发展和城市竞争力的重要因素。中央和北京市都意识到，解决这些"大城市病"，单靠北京一己之力难以完成，必须在更大的空间范畴，即"跨区域合作"上求解，但现行法律和总体规划在这方面却缺乏足够的引导。对此，北京市规划部门的评估意见是："区域协调发展机制还没有真正建立起来，京津冀区域一体化发展相对滞后。"

"京津冀一体化""首都经济圈"的概念，已在2011年被写入国家"十二五"规划，成为国家战略。有学者提出，借助北京在南城兴建新机场的契机，可以选择京津冀交界区域，设立一个"大北京特区"，或者叫"首都特区"，以特区的方式，着眼于解困北京日渐严重的"大城市病"，并发挥辐射带动作用，促进京津冀的跨区域合作。"畿辅新区"这一构想由此而生。京津冀共建跨界的"畿辅新区"，用以疏解北京主城区功能，将部分国家行政职能、企业总部、科研院所、高等院校、驻京机构等搬迁至此。按照构想，在北京六环之外，将出现一个2000平方千米左右的新区，其范围涵盖北京大兴、天津武清、河北廊坊、固安等，可容纳超过500万人口。

从立法和法治的角度，"京津冀一体化"发展战略的提出和推进，在法律上存在两个问题。一是，北京作为直辖市，可否按照宪法和法律规定的省级行政区域设定、划分和变更的主体、职权和程序予以地域范围上的改变或调整，这样的调整是否属于对《宪法》第138条的解释或修改？本报告认为，首都是宪法规定的国家基本制度，因此"首都圈""首都经济圈""首都特区""大北京特区"等概念以及对首都地域的界定，都属于宪法问题，应该由全国人大或其常委会予以修改或解释，而不是由国务院通过行使一般的行政区划变更权予以批准。

二是，围绕首都核心功能定位和功能疏解，应该由全国人大或其常委会制定专门的首都立法，明确和强化新时期首都功能职责的战略定位，统筹京津冀城际交通、能源、水资源、产业、生态等的布局。即北京城市总体规划、京津冀发展规划对首都圈的发展没有足够的权威性和规范性效力，需由立法来确立京津冀城市群发展战略。其中一项重要的内容就是对首都区域进行法律上的区域区分，并通过区域区分引导和规范首都功能和人口规模、产业结构的疏解和调整。

（二）首都功能定位与京津冀协同发展的政策依据

现行《宪法》第 138 条明确规定："中华人民共和国首都是北京"，但是新中国成立 70 年的今天，我们仍然没有关于首都的基本立法，在形成和完善中国特色社会主义法律体系和加快建设法治国家的进程中，这是一个必须填补的立法空白。当前，关于首都功能定位的规范和规制依据主要是 2005 年 1 月 12 日国务院常务会议审议通过的《北京城市总体规划（2004—2020 年）》（以下简称《规划》）。

《规划》将首都北京的城市性质和功能界定为"是全国的政治中心、文化中心，是世界著名古都和现代国际城市"。《规划》阐明了首都北京不同于一般行政区域的特殊性，即北京是中央党政军领导机关所在地；邦交国家使馆所在地，国际组织驻华机构主要所在地，国家最高层次对外交往活动的主要发生地；国家主要文化、新闻、出版、影视等机构所在地，国家大型文化和体育活动举办地，国家级高等院校及科研院所聚集地；国家经济决策、管理，国家市场准入和监管机构，国家级国有企业总部，国家主要金融、保险机构和相关社会团体等机构所在地，高新技术创新、研发与生产基地；国际著名旅游地、古都文化旅游，国际旅游门户与服务基地；重要的洲际航空门户和国际航空枢纽，国家铁路、公路枢纽。基于此，《规划》确立的城市发展目标和主要职能是：按照中央对北京做好"四个服务"的工作要求，强化首都功能；以建设世界城市为努力目标，不断提高北京在世界城市体系中的地位和作用，充分发挥首都在国家经济管理、科技创新、信息、交通、旅游等方面的优势，进一步发展首都经济，不断增强城市的综合辐射带动能力；弘扬历史文化，保护历史文化名城风貌，形成传统文化与现代文明交相辉映、具有高度包容性、多元化的世界文化名城，提高国际影响力；创造充分的就业和创业机会，建设空气清新、环境优美、生态良好的宜居城市。创建以人为本、和谐发展、经济繁荣、社会安定的首善之区。

《规划》对北京市的空间布局做了大的调整。提出构建"两轴—两带—多中心"的新城市空间格局，实施多中心与新城发展战略，合理引导城市功能布局，努力构建符合现代化城市发展规律的结构布局，将北京市各类分散的资源和功能整合到若干连接区域的交通走廊上，实现城市的集约化发展。《规划》中的"两轴"指沿长安街的东西轴和传统中轴线的南北轴。"两带"指包括怀柔、密云、顺义、通州、亦庄、平谷的"东部发展带"和包括延庆、昌平、门头沟、房山、大兴的"西部发展带"。"多中心"是指在北京市域范围内建设多个服务全国、面向世界的城市职能中心，提高城市的核心功能和综合竞争力。其中，包括中关村高科技园区核心区、奥林匹克中心区、中央商务区、海淀山后地区科技创新中心、顺义现代制造业基地、通州综合服务中心、亦庄高新技术产业发展中心和石景山综合服务中心8大城市职能中心区。

《规划》从生态环境承载能力、资源条件、劳动就业等经济社会协调发展的七个方面论证了北京适宜的人口规模及其变化趋势，从而确定了城市的用地规模。2020年，北京市总人口规模将控制在1800万人左右，人均建设用地采取国际上人均建设用地的最低限105平方米，全北京市建设用地规模将控制在1650平方千米。

《规划》设定的2020年北京市总人口规模1800万人左右的目标，随着北京市的快速发展，提前10年即被突破。人口的过快增长，使城市公共资源的供给严重不足，环境承载能力日益脆弱，环境、交通等"大城市病"愈演愈烈。少数人开始离开北京，但更多的人仍在源源不断地涌入这一权力、资源的核心之地。

2011年，在北京城市总体规划实施未及一半之时，媒体即报道北京将重修规划，规划的严肃性受到质疑。北京市规划委员会（首都规划建设委员会办公室）其后澄清，并非重新编修，而是要将人口发展的最新情况补充到今后规划的完善过程中。然而，不管用词为"补充""调整"，还是新一轮的修改，多种迹象表明，形格势禁之下，庞大的北京城，正在描画新的规划愿景。

2012年11月，党的十八大召开并在报告中提出政治、经济、社会、文化和生态文明建设"五位一体"的总体布局，这为城乡规划建设转型指明了新方向。正是在国家深化改革，以及北京首都城市发展重新定位的契机之下，2014年2月26日，习近平总书记在北京市考察工作时强调，建设和管理好首都，是国家治理体系和治理能力现代化的重要内容。北京要立足优势、深化改革、勇于开拓，以创新的思维、扎实的举措、深入的作风，进一步做好城市发展和管理工作，在建设首善之区上不断取得新的成绩。北京要把各方面优势发挥出来，把各种问题治理好，要处理好国家战略要求和自身发展的关系，在服务国家大局中提高发展水平，并就推进北京发展和管理工作提出五点要求：一是要明确城市战略定位，坚持和强化首都全国政治中心、文化中心、国际交往中心、科技创新中心的核心功能，深入实施人文北京、科技北京、绿色北京战略，努力把北京建设成为国际一流的和谐宜居之都。二是要调整和疏解非首都核心功能，优化三次产业结构，优化产业特别是工业项目选择，突出高端化、服务化、集聚化、融合化、低碳化，有效控制人口规模，增强区域人口均衡分布，促进区域均衡发展。三是要提升城市建设特别是基础设施建设质量，形成适度超前、相互衔接、满足未来需求的功能体系，遏制城市"摊大饼"式发展，以创造历史、追求艺术的高度负责精神，打造首都建设的精品力作。四是要健全城市管理体制，提高城市管理水平，尤其要加强市政设施运行管理、交通管理、环境管理、应急管理，推进城市管理目标、方法、模式现代化。五是要加大大气污染治理力度。

2015年3月23日，中央财经领导小组第九次会议审议研究了《京津冀协同发展规划纲要》。中共中央政治局2015年4月30日召开会议，审议通过《京津冀协同发展规划纲要》。《纲要》指出，推动京津冀协同发展是一个重大国家战略，核心是有序疏解北京非首都功能。为此，《纲要》强调，要坚持协同发展、重点突破、深化改革、有序推进；要严控增量、疏解存量、疏堵结合调控北京市人口规模；要在京津冀交通一体化、生态环境保护、产业升级转移等重点领域率先取得突破；要大力促进创新驱动发展，增强资源能源保障能力，统筹社会事业发展，扩大对内对外开放；要加快破除体制机制障碍，推动要素市场一体化，构建京津冀协同发展的体制机制，加快公共服务一体化改革。

（三）首都功能定位与京津冀协同发展的法律问题

1. 首都、首都圈地域的界定，属于宪法问题

宪法是国家的根本大法，规定国家的根本制度。一个国家关于首都的地域范围、功能定位、城市建设、职权职责、法律地位等的规定属于一项重要的国家制度，也应该由宪法来规定。现行《宪法》第138条规

定:"中华人民共和国首都是北京",既没有对北京的地域范围予以明确,也没有规定首都的地域范围,更没有在区域合作与区域发展的角度规定有关首都圈和首都区域划分的规定。本报告认为,首都、首都圈地域的界定,属于宪法问题,应该通过宪法修改或宪法解释进行明确,这是京津冀协同发展与首都功能实现的宪法依据。

2. 首都、首都圈区域治理中国家与地方的立法事权划分

首都是国家的首都,因此首都的规划和建设应该有一个超越一般地方区划的机构予以统筹。如前所述,国外首都立法中,首都机构的设置有两种不同的模式,一是成立专门的、独立的首都委员会或首都局,负责制定和管理国家首都规划,如美国、加拿大、澳大利亚的首都立法;二是由国家行政机构来组织和管理首都规划,如日本和韩国的首都立法。两种模式前者侧重中央与地方的权力划分关系,主要是在联邦制国家,保证从州的领域划出的首都区域不受州权过多牵制,能够更好地承载和实现国家的、联邦的功能。后者侧重首都的城市发展和空间布局,在单一制国家结构形势下,由中央政府,即国家行政部门统领首都区域的建设和发展。

当前在京津冀一体规划与发展的大布局中，主导或参与京津冀规划的不仅有两市一省本身，国家发改委、住建部等中央部门和有关单位也各有其主导的相关规划。由此，新的总体规划的编制机制以及管理和实施必须从中央的层面设置机构，界定职权职责，在顶层设计上、组织机构上保障北京首都功能定位与疏解的有序实现。

首先，京津冀不同于珠三角和长三角，前者是在一个省域范围内；后者区域内发展相对均衡，而京津冀则存在两市一省的行政壁垒，且区域内发展不均衡，北京周边就是河北的贫困带。因此，要从更高的国家战略和可持续发展方面认识京津冀的合作问题，由中央层面介入，协调解决京津冀跨区域合作面临的诸多障碍。比如由国务院出面，负责协调京津冀地区的跨区域合作。或者借鉴美国、澳大利亚的经验，由首都规划委员会来统筹首都职能的正常运转和区域拓展。

其次，京津冀区域协同发展需要统筹设计，克服和避免规划"被部门化"的倾向。基于以往北京市城市规划制定和实施的经验和教训，行政部门在制定空间政策、法规和规划的过程中，有时囿于本部门之见，导致规划"被部门化"的倾向。在首都核心功能定位和功能疏解的大局中，必须重视规划机制本身的改革问题，规划的制定、修改、执行都要有法可依，依法行政。因此，建立机构，明确职权职责，规范程序，保障首都功能和城市规划的科学合法，是推进首都立法的首要内容。

3. 城市规划法治化问题

北京市现在实施的是2005年国务院批准的《北京城市总体规划（2004年—2020年）》。而今，在城市发展中，规划设定的人口规模、城市建设、产业发展等诸多方面的指标先后被突破。可以说，规划缺乏强制力，是北京"大城市病"的重要成因。要从根本上解决规划的强制力问题，必须推进城市规划的依法治理。目前，在把城市规划作为本级政府编制、上级政府审批的行政决策的大前提下，城市规划的法治化建设，一是强调依法行政，即依法制定和执行城市规划；二是加强对依法行政的外部监督，主要是设置人大监督、社会监督等制约程序。然而，实践中，城市规划依法行政的程度仍然不高，各种人大监督程序又使得城市规划的法律性质变得模糊不清，因此引发出很多的法律问题。

（1）城市规划的法律性质模糊。规划的编制和审批是在行政系统内的上下级政府之间完成的，为了加强对依法行政的外部监督，《城乡规划法》设置了规划报批前的人大常委会审议程序，但是同级人大常委会的审议意见只是政府决策的参考，其唯一的法定约束力是要求规划报批时需附具审议意见和根据审议意见修改规划的情况。为了进一步加强规划编制过程中的人大监督职能，强化规划的强制性，2016年2月6日中共中央、国务院出台的《关于进一步加强城市规划建设管理工作的若干意见》（以下简称《意见》）提出：城市总体规划的修改，必须经原审批机关同意，并报同级人大常委会审议通过；凡不符合城镇体系规划、城市总体规划和土地利用总体规划进行建设的，一律按违法处理；凡是违反规划的行为都要严肃追究责任。这些规定，似乎赋予了规划以"法"的效力，极大地提高了规划的强制性，是城市规划法治化建设的重大举措。但是，《意见》的上述规定存在两个法治问题：其一，中央文件与国家法律的关系问题。《意见》中报同级人大常委会"审议通过"和不符合规划的按"违法"处理的表述，与《城乡规划法》规定的规划性质和修改程序有所不同，二者之间的效力关系和衔接机制尚不明确。其二，既由同级人大常委会"审议通过"，又要上级政府审批同意的程序，使规划的法律性质变得更加复杂：规划还是一个单纯的行政决策吗？规划是政府决策还是人大决策？"审议通过"是立法决策吗？城市规划是不是法，具不具有法的约束力和稳定性？这些问题尚待厘清。

（2）城市规划刚性不够及其引发的法律问题。行政机构自己决策、自己执行、自己修改，是规划容易被修改或突破的根本原因。按照法治思维，增强规划刚性的最好办法就是加强外部监督，为行政系统随意修改规划的行为设置制约机制。为此，不仅《城乡规划法》和《意见》规定了同级人大常委会"审议意见"和"审议通过"的程序，《北京市城乡规划条例》也规定了同级人大常委会"审议同意"的程序。《城乡规划法》《意见》和《北京市城乡规划条例》都是从制度上防止随意修改规划现象的积极探索，出发点是好的，然而"审议意见""审议通过""审议同意"的规定不统一，这些性质和内涵都不同的审议程序会产生不同的法律效力，实践中究竟该适用哪个规定，存在一系列的法律问题：一是，《城乡规划法》是国家法律，《意见》是最新出台的中央文件，《北京市城乡规划条例》是北京市地方立法，对上位法适用不抵触原则，三者该如何适用；二是，"审议通过"是人大常委会的重大事项决定权和监督权，按照"法无授权即禁止"的法治原则，应有明确的法律依据或授权，但是现行《宪法》《立法法》《人大组织法》《地方组织法》《监督法》《城乡规划法》都没有相关规定；三是，同级人大常委会审议通过和上级政府审批同意二者的法律效力关系、同级人大常委会与上级政府的意见不一致时的裁决机制,都没有法律依据,立法法中也没有可以类推适用的条款;四是,《意见》规定了不同于《城乡规划法》的规划修改程序,中央文件与国家法律的关系应如何认识和处理。

(3) 城市规划公开性不强,民主监督乏力。虽然《城乡规划法》第 26 条规定,城乡规划报送审批前应予公告,并采取论证会、听证会或者其他方式征求专家和公众的意见,但实践中,城市规划的公开性和公民参与度都不高,城市规划的民主监督乏力。

六 适应首都功能实现和京津冀协同发展的立法架构

（一）国家立法保障

1. "首都法"的提出及其主要制度构想

（1）"首都法"的提出

《宪法》第138条明确规定："中华人民共和国首都是北京"，但是新中国成立70余年的今天，我们仍然没有关于首都的基本立法，更没有形成有关首都治理和首都功能定位与功能实现的首都立法体系。北京作为首都承载了全国政治中心、文化中心、国际交往中心、科技创新中心的重要功能，但是北京现有的治理机制和方式，仍是按照宪法和法律规定的一般省级行政区域行使地方立法权和行政执法权，这样的管理和治理体制难以实现职权与职责的匹配和统一。要么北京市依据宪法和法律赋予的现有的管理职权无力保障北京首都功能的顺利实现，要么北京市政府在没有法律法规依据的前提下依靠政治性协调来采取管治措施，虽然一时保证了首都功能的实现，但容易与现行法律和行政法规发生冲突，引发社会矛盾和纠纷，管理成本和代价过大。

实践中，为发挥中央政府对外、对内的政治功能，北京时常需要承办一些重要的国事活动，为有效保障秩序，往往是中央政府与北京市政府形成行政联动和行政协调机制，采取临时性专项行政管理措施，虽然取得了比较好的管理效果，但是其中涉及公共安全、社会秩序、道路交通、生产经营、环境保护等方面的管理措施可能会对公民、法人、社会组织的权益有所限制，按照法治的理念、原则和要求，无论是中央政府还是地方政府都必须依法行政，限制公民权利都应当于法有据并且符合必要性原则。由此，在形成和完善中国特色社会主义法治体系和加快建设法治中国的进程中，中央政府和首都地方政府的行政联动和行政协调机制也应当纳入法律规范的范围，依法运行。

由上可见，无论是从权责统一的角度，扩大北京市承载首都功能所对应的事权，还是从依法行政，保障公民权益的角度，首都立法以及首都立法体系都是一个亟待填补的立法空白。一方面，全国人大或全国人大常委会应当加快推进"首都法"的立法进程，明确首都的功能定位，划分中央政府和北京市政府在首都管理和治理中的职权职责；另一方面，北京应抓住首都核心功能战略转型的机遇，加快推进北京首都地方立法，形成以宪法为统领、以国家的"首都法"为基础、以北京市地方首都立法为重要组成部分的法律法规体系，充分发挥首都功能定位和功能实现的立法保障作用。

（2）"首都法"的主要内容和制度构想

首都是宪法规定的一项重要国家制度，"首都法"立法的主要目的一是确认首都功能，建立健全首都功能实现机制；二是明确中央政府与北京市政府在保障首都功能实现方面的职权职责关系，授予北京市政府配合中央政府实施首都管理和治理的事权，维护首都的繁荣稳定和持续发展，保障首都核心功能的有效实现。根据北京首都城市发展的现状及存在的问题，首都核心功能战略转型的需要，以及国外首都立法可资借鉴的经验，"首都法"应该包含以下几个方面的内容和制度。

一是，首都核心功能的立法确认。首都的功能定位与功能实现，关系到北京与世界其他首都和城市之间相互作用的强度，关系到北京与国内其他城市和地区之间关系的界定，关系到"首都圈"其他部分的发展模式和前景，并直接关系到北京这座城市自身的走向和未来。首都立法首先要关注的是首都所具有的或应该具有的基本功能以及实现这些功能需要的管理事权和职责，并以立法的形式予以确认。

二是，首都区域范围和区域划分。从现行宪法和北京市的城市发展规划来看，关于首都的规范表述就是"中华人民共和国首都是北京"，或者反过来说"北京是中华人民共和国的首都"，二者对北京的地域范围、特征、功能、机构、权限等都没有具体的规定。目前，交通、住房、公共服务和环境污染等方面的矛盾凸显，已成为影响首都协调可持续发展和城市竞争力的突出环节。中央和北京都意识到，解决这些"大城市病"，单靠北京一己之力难以完成，必须在更大的空间范畴，即"跨区域合作"上寻求解决方案。其中一项重要的内容就是对首都区域进行法律上的区域区分，并通过区域区分引导和规范首都功能和人口规模、产业结构的疏解与调整。

日本和韩国在这方面的立法是很好的参考，如《日本首都圈管理法》首先界定了首都圈的概念，指出首都圈是指东京都及法规规定的，与其形成一体的东京都周边地区。该法在对首都圈进行明确界定的同时也对首都圈、市中心区、被纳入首都圈的近郊地区、城市开发区都做了明确规定。《韩国首都圈管理规划法》为合理布置首都圈的人口和产业，该法将首都圈分为过密抑制区域、成长管理区域和自然保护区域。在这三个区域内，相关行政机构首脑的许可、认可或协议等行为将受到限制。

本报告认为，首都圈的发展也不是一体而论的，应该有中心区、近郊管理区、城市开发区、自然保护区这样的区分，每个区域承载的首都功能，拥有的治理权限、城市建设的限度都不相同，但都有法律的明确规定，使首都功能层次分明，城市发展依法有序。

三是，保障首都政治中心、国际交往中心功能的制度。根据前文对首都全国政治中心、国际交往中心功能的阐释，要保障首都对应功能的实现，需要通过"首都法"建立以下制度。

第一，首都是中央党政机关所在地，因此首都北京负有为驻京中央党政机关、部队的有效运转提供日常服务的机关管理职责。驻京中央机构的办公设施、物资配套、公用设施设备、水电气供应、环境保障、住房保障、安全保障等，都需要北京市政府来组织协调和保证供给。因此，"首都法"应该确立一些基本原则保障中央机构的有效运转，授予北京市政府与其职责相匹配、相统一的管理职权，使北京市政府能够依法实施机关管理，这也是保障首都政治功能实现的基础性制度。

第二，北京市政府负有配合、协助中央政府履行职能的责任。中央政府承担的对外、对内的政治功能很多都需要北京市政府的联动与协作才能实现，如外宾来访需要戒严、交通管制等措施，召开 APEC 会议需要调整工作日、交通限行与交通管制，还需要在公共安全、社会秩序、生产经营、环境保护等方面采取保障措施。为保障中央政府这些职能的实现，北京市政府承担了更多的义务，也应该有相对应的权力，这就需要通过"首都法"的立法授权来实现。

第三，首都基于对外、对内的政治功能，需要举办重大的国事活动，为保障这些国事活动的顺利举行，应当通过"首都法"建立重大国事活动制度，明确重大国事活动的等级并对应不同的保障措施，并依法组织和采取限制性措施保障国事活动的顺利举行。一方面，应通过"首都法"对国事活动场所及基础设施的使用程序、范围、时间加以规定，对于公民在首都生活的权利和义务加以确认和保护，从而使首都能够担负相应的功能；另一方面，应该授权北京市政府，在采取常规管理措施不能满足需要的情况下，针对可能存在的风险和影响，可以参照有关法律、法规采取预防性、临时性专项行政管理措施，也可以在公共安全、社会秩序、道路交通、生产经营、环境保护等方面采取保障措施。

第四，北京市政府负有维护首都稳定的职责，中央政府应该通过"首都法"授予北京市政府在维护公共安全和社会秩序、处理突发紧急事件以及反恐等方面更多的职权,包括建立驻京中央党政机关和部队与北京市政府的突发事件应急联动协调机制,建立包括空中管理、地面管理和应急管理指挥中心在内的、全方位的应急管理体系,建立中央政府和北京市政府联合任职制度。如为了更有效地维护和加强首都公共安全和社会秩序,由公安部副部长兼任北京市公安局局长。"首都法"在建构中央政府与北京市政府应急管理组织体系时,可以法律的形式明确规定应急管理指挥中心的正副职分别由中央政府和北京市政府选任。

第五,为了保障中央政府正常行使职能,北京首都的经济功能必须有合理的限制。北京市政府一方面要合理布局,解决城市发展中呈现出来的各种问题,增强北京城市发展的潜力;另一方面,北京市的经济发展要在一定程度上适应于、让位于中央政府正常行使职能的需要,其中一个重要的调整措施就是产业结构调整和产业转移。产业结构优化和产业转移需要北京周边地区的配合才能实现,但是仅凭现行宪法和法律赋予北京市政府的职权,北京市政府没有足够的权威性和规范性效力来协调周边同级别的、跨省市的区域,因此就需要全国人大或全国人大常委会根据"首都法"来授权,北京市政府则依据"首都法"来处理与周边的关系，促进经济和环境的协调、持续发展。

四是，保障首都文化中心功能的制度。北京的文化建设和文化形象不单是代表北京，更因为其首都地位而代表了全中国和整个中华民族、中华文明。如前所述，通过立法对北京文化中心地位加以确认，包含着两个方面的重要内涵：一是保护，二是建设。

首先，在文化保护方面，作为历史文化名城的北京，在3000余年城市建设和850余年都城发展的漫长岁月中，孕育了举世瞩目的中华文明。北京市的文化遗产和文化工程是中国的精神财富，代表着中国的文化形象，因此保护和传承文化遗产是中央政府与北京市政府的共同职责。一方面，北京市部分历史文化单位和景区的保护，与《旅游法》第1条规定的"为保障旅游者和旅游经营者的合法权益，规范旅游市场秩序，保护和合理利用旅游资源，促进旅游业持续健康发展"立法目的显然不同，因此"首都法"应授权北京市政府对重点文化单位和旅游景观享有特殊的立法权和执法权，可以制定专门的地方性法规，并在一定程度上变通《旅游法》的相关规定。比如北京市人大常委会正在推进的《什刹海风景区管理条例》。另一方面，对历史文化遗产的保护、维护和传承需要大量的资金投入，基于中央政府与北京市政府的职责和财政能力，"首都法"应确立国家财政和北京市财政共同支持北京市文化建设的制度，规定合理的国家财政投入比例，保障首都文化中心功能的实现。

其次，在文化建设方面，首都是中国文化面向世界的展示和交流平台，因此中央政府、北京市政府以及各地方政府有义务将全国各种文艺形式呈现在北京，把北京打造成为具有中国特色和首都特色的文化名城，满足人们的文化需求，推动首都文化产业的发展与繁荣。为此，"首都法"应确立三方面的制度：（1）确认各种文艺形式在北京演出、发展、交流的平等机会和权利；（2）明确中央政府和北京市政府支持各大院、馆建设的职责和义务，为全国文艺形式在北京的展示和交流提供平台；（3）赋予省级行政单位驻京机构在北京发展和宣传地域文化的职责，形成中央政府、北京市政府和地方政府相互配合、相互支持的首都文化建设体制。

五是，保障首都科技创新中心功能的制度。首都作为全国科技创新中心，是高尖人才、高新技术和高科技产业的汇集地，首都能否利用好丰富的人才资源和技术资源，在全国科技创新和科技发展中发挥领军作用，一个关键的要素是北京作为首都能不能有相配套的优惠政策。就像经济特区建设一样，全国人大或全国人大常委会应该通过法律或决定授予北京市在科技创新方面更多的自主权，包括地方立法权和行政执法权，强化首都的科技功能，实现科技兴都，科技兴国。

中央授权北京市政府保障首都科技创新中心功能实现的优惠政策和制度主要体现在三个方面：(1) 人才战略制度，即通过法治保障和调节形成有成效的人才培养机制、有活力的人才流动机制、有持续性的人才吸引机制；(2) 促使科技成果向生产力转化的条件和渠道，将科技优势转化为现实优势和竞争力；(3) 建立自主创新科技园区法律制度。2010 年，北京市针对科技人员激励机制不健全，科技资源部门分割，产、学、研、用脱节，创新服务体系不完善以及创新成本提高等制约中关村科技发展的重大问题，根据国务院关于支持中关村建设国家自主创新示范区的批复精神，制定了《中关村国家自主创新示范区条例》，着重在完善科技人员权益保障和利益分享机制，建立以项目为统领、企业为主体或以企业化组织模式整合资源的创新机制，健全首都自主创新管理体制和工作机制，搭建政府自主创新服务平台，改进政府土地、资金配置方式，发展科技金融等方面作出了创新性的制度安排，以立法促进和保障中关村国家自主创新示范区建设，推动首都实现创新驱动发展。[1] 根据国务院的授

---

[1] 张引：《做好新形势下首都地方立法工作的实践与体会》，《北京人大》2013 年第 1 期。

权,《中关村国家自主创新示范区条例》在中关村科技园区的科技创新和科技发展方面起到了很好的保障和推进作用,但由于立法层次不够、立法授权不足,也显示出后劲不足的趋势。"首都法"应该以前瞻性的、开拓性的立法思路,充分授权北京市政府针对中关村、亦庄等高新科技园区制定条例,并让园区条例发挥区域综合性基本法的积极效用,保障首都科技创新中心功能的实现。

六是,其他制度。借鉴国外首都立法经验,北京首都立法还应在城市建设与资源供给、土地利用与管控、城市开发与工程限制、城市管理与规模控制、环境保护与治理、财政保障与监督管理等方面扩大北京市地方立法事权和行政管理权,保障首都功能的有序、协调实现。

2. "首都圈管理法"的基本框架和主要内容

"首都圈管理法"首先应该界定首都圈的概念、地域范围和区域划分;其次,要明确首都圈建设的主要目标,明确首都圈管理的体制机制、组织机构、运行程序和职权职责等主要内容;最后,"首都圈管理法"应对首都圈管理规划予以规范,如果京津冀构成首都圈的主要地域范围,那么《京津冀协同发展规划纲要》所提出的京津冀交通一体化、要素市场一体化、生态环境保护、资源能源保障、产业升级转移、协同发展的体制机制、公共服务一体化改革等，都将构成"首都圈管理法"的基本框架和主要内容，即应将京津冀城市规划内容纳入立法。

如前文所述，《关于进一步加强城市规划建设管理工作的若干意见》关于"审议通过"和"按违法处理"的规定，使规划具有了人大决策的性质，在某种意义上，已经是城市规划从行政决策向立法决策的过渡，但也在法理上和实践中出现了前述的诸多法律问题。要从根本上解决这些问题，必须转变城市规划法治化的定位，将《意见》作为过渡性规定，尽快把京津冀协同发展规划纳入"首都圈管理法"。理由有如下三个方面：

第一，城市群建设和跨区域合作的挑战。"十三五"规划提出要加快城市群建设和发展。由此，以行政区划为基础，各级政府在行政辖区内制定和实施规划的"一亩三分地"思维，将不再适应城市群建设和跨区域合作的需要。为了加强战略布局和顶层设计，城市规划必须超越行政区划的条块格局，提高规划的决策层级和约束力。以京津冀城市群发展为例，京、津、冀是三个平行的省级单位，因此编制京津冀协同发展规划在《城乡规划法》上找不到依据，更没有相关的程序和机制规定。跨省级的京津冀协同发展只能上升为国家战略，其规划应由中央决策。实际上，《京津冀协同发展规划纲要》确实是由中共中央政治局审议通过的，这极大地提高了规划的层级和约束力。但是，从城市规划法治化发展要求来看，京津冀协同发展规划还需要依法治理，因此还需要把党的主张通过法定程序转化为国家意志，需要用立法决策来落实中央决策。

第二，加强规划的强制性的需要。规划涉及整个区域的长久发展，但是作为行政决策，规划刚性不够，实践中屡被突破。《城乡规划法》《意见》和《北京市城乡规划条例》虽然设置了外部监督和制约的机制，但因没有根本改变规划的行政决策性质而效果有限。因此，必须转变思路，改变规划的法律性质，把规划上升为立法决策，赋予它更强的法律效力，从根本上解决规划权威性和强制性不够的问题。

第三，重大公共利益需由民主决策。规划集合着过去、现在和未来的重大公共利益，应该引入民主的决策程序。实践中，规划的公开性不够，规划编制过程中的民主参与性不强，导致规划被行政利益和开发商利益左右。阳光是最好的防腐剂，城市规划也应采取民主决策的方式，以公开促公正，以公益逐私利。立法就是有法定公开和参与程序的民主决策方式，规划应该纳入立法决策。

3. 国家授权机制

全国人大或全国人大常委会通过制定"首都法""首都圈管理法"对北京市政府、京津冀区域相关职能机构进行一次性的特别授权，赋予北京市与首都核心功能实现和非核心功能疏解相匹配的立法权，这是保障首都功能实现的最好方式。但是，全国人大及其常委会的立法，从立法规划、立法计划到立法起草和表决通过需要一个比较长的时间周期，而北京城市发展至今，已经集聚了诸多的人口、资源、环境、产业、安全等突出问题亟待解决，首都核心功能战略转型也是迫在眉睫，在"首都法""首都圈管理法"尚未出台以前，通过全国人大常委会或国务院的专项授权，赋予北京市政府保障首都功能转型和功能实现的地方立法权，将符合实际需求的特殊政策用立法的形式予以明确，并可以根据首都四大功能建设的需要变通或停止执行《行政许可法》《行政强制法》《行政处罚法》《旅游法》以及道路交通和环境保护等方面的法律和行政法规的实施，这是目前立法保障首都功能实现的更加实际也更为迫切的方式和途径。

(1) 授权的内容

根据我国现有的立法制度，由全国人大或全国人大常委会授权北京为实现首都功能享有特别地方立法权，有别于普通省级地方人大、政府的立法事权，并区别于经济特区立法，是进一步通过立法形式来保障北京首都功能实现的重要途径。

我国现有的立法体制，除了全国人大及其常务委员会依据《宪法》的规定行使国家立法权，其他国家机关依据《宪法》和《立法法》的规定行使相应的立法职权之外，根据《立法法》的规定，还存在授权立法制度。这种授权立法制度的主要内容包括以下几个要点：

①《立法法》第9条规定：本法第8条规定的事项尚未制定法律的，全国人民代表大会及其常务委员会有权作出决定，授权国务院可以根据实际需要，对其中的部分事项先制定行政法规，但是有关犯罪和刑罚、对公民政治权利的剥夺和限制人身自由的强制措施和处罚、司法制度等事项除外。

②《立法法》第10条、第12条规定：授权决定应当明确授权的目的、事项、范围、期限。被授权机关应当严格按照授权决定行使被授予的权力。被授权机关不得将该项权力转授给其他机关。

③《立法法》第11条规定：授权立法事项，经过实践检验，制定法律的条件成熟时，由全国人民代表大会及其常务委员会及时制定法律。法律制定后，相应立法事项的授权终止。

迄今为止，我国全国人民代表大会及常务委员会通过授权立法方式先后向国务院以及广东省、福建省、海南省和深圳市授权制定有关税制改革、制定特区经济法规近十例。例如，1983年，全国人民代表大会常务委员会授权国务院修改和补充关于安置老弱病残干部暂行办法和关于工人退休退职暂行办法；1984年，全国人民代表大会常务委员会授权国务院制定和发布税收暂行条例；1985年，全国人民代表大会授权国务院制定有关经济改革和对外开放方面的暂行规定和条例。1981年，全国人民代表大会常务委员会授权广东省、福建省人民代表大会及其常务委员会制定所属经济特区的各项单行经济法规；1988年，第七届全国人民代表大会第一次会议在《关于建立海南经济特区的决议》中，授予了海南省人大及常委会授权立法的权力等。

党的十八届四中全会通过的《中共中央关于全面推进依法治国若干重大问题的决定》对于授权立法的必要性和可行性也作了明确的规定，《决定》规定：实现立法和改革决策相衔接，做到重大改革于法有据、立法主动适应改革和经济社会发展需要。实践证明行之有效的，要及时上升为法律。实践条件还不成熟、需要先行先试的，要按照法定程序作出授权。对不适应改革要求的法律法规，要及时修改和废止。对于北京市履行首都功能而言，仅靠现有的地方立法权是远远不能满足要求的，北京市作为首都既不同于一般的省、自治区，也不同于其他几个直辖市，更有别于作为改革开放试验地的经济特区，北京市作为一级地方行政区域，在行政管理职能中，承担着中央政府日常行政活动的人财物和基础设施及环境的保障工作，某种程度上直接影响到中央政府能否有效履行中央政府的管理职能，所以，必须作为一个特殊的立法主体对待，通过制定"首都法""首都圈管理法"的形式，或在立法条件尚不成熟的时候先行通过全国人大常委会决定的形式，向北京市人大及常委会、北京市人民政府授予必要的履行首都功能保障职责所必需的立法权。

从履行首都功能保障职责的角度来看，需要向北京市进行授权的立法事项主要应当是与中央政府履行宪法和法律职能密切相关的事项，而纯粹属于北京市地方行政区域的人口流动和管理、经济发展布局、社会治安维护、公共交通事业、居民的日常生活福利设施等事项，完全可以由北京市通过行使《宪法》和《立法法》所赋予的地方立法权的方式来加以解决。而作为首都，中央政府必须履行外交和国防管理事务、党中央日常工作条件的保障、中央政府的机关行政事务、驻京军事机关的日常活动条件保障、央企和中央事业单位的工作条件保障、重大突发事件可能需要中央政府组织全国力量进行应急等，这些事务都超出了北京市作为地方行政区域所能够自主管辖的范围，需要国家立法机关制定相关法律法规来进行规范，如果国家立法机关立法条件不成熟的，应当授权北京市制定地方性法规，并报授权机关批准后生效，对北京市行政区域之外的全国其他地方区域也具有法律约束力。

（2）授权的方式

北京市通过授权立法的途径来全面和有效地实现首都功能，其授权的来源根据授权内容的不同可以分别采取不同形式的授权。具体来说包括全国人大及其常委会通过制定"首都法""首都圈管理法"向北京市整体性、一次性授权，围绕着首都功能的履行提供充分的立法保障；或者是就某个专项的首都功能，进行特别授权，如在北京市行政区域范围内发生了北京市自身不能有效控制的突发或紧急事件，需要动员周边地区或者是全国力量参与应急的，可以由全国人大常委会采取专项授权的方式来赋予北京市及时、有效处置紧急事态的权力；对于驻京中央各机关、部队机关、央企以及其他省、自治区、直辖市的相关单位的日常行政事务的保障，可以由全国人大常委会进行专项授权；对于北京市为了满足首都的政治、经济、文化和社会功能，需要与周边省区合作，或者建立区域协作机制的事项，可以由全国人大常委会向北京市进行专项授权，从而使得北京市能够在与周边区域进行相互协作中起到很好的牵头作用；对于需要中央政府和北京市人民政府共同协作、相互配合才能有效完成的事务，可以由国务院授权北京市人民政府采取相应的行政措施，成立中央和北京市共建共管的协调机构，共同完成国务院授权事项等。此外，北京市还可以根据履行首都功能保障职责的需要，在进行自主立法不能有效解决相关问题的前提下，可以向全国人大常委会或者是国务院提出授权请求，并根据相关批准的内容来进行必要的立法，有效履行首都功能保障职责。

(3) 授权的承接

授权立法最重要的特征就是立法监督，在北京市获得中央立法授权之后，不论是通过最高立法机关以立法形式进行的一般性授权，还是以决定方式进行的专项授权，或者是国务院向北京市人民政府的特别授权，这些授权都必须在授权者的有效监督下进行。从北京市的角度来看，不论是一般性授权还是专项授权，授权的事项最好是列举型的，以便北京市在授权范围内充分利用授权来制定保障首都功能的地方性法规。当然，从提升授权立法的效力来说，即便是全国人大常委会制定"首都法"，赋予北京市一般性的立法授权，要使得授权具有约束力和法律权威，授权立法必须要有健全的立法监督制度或者是立法的核准制度。立法监督主要是针对一般性授权的，立法监督既有利于维护授权者的权威，也便于北京市利用好授权大胆立法；立法的核准制度则意味着专项授权要具有适用于全国范围的普遍效力，必须由授权机关核准，在法理上经授权核准的立法应当视为与授权机关制定的法律法规具有同等法律效力。

对于北京市来说，一方面，没有相关的授权立法，不利于放开手脚，有效地保障首都功能，进一步发挥北京市作为首都在为党中央做好后勤和保障服务方面的作用；另一方面，不论获得何种形式的授权，北京市在进行授权立法时也要尽量进行自我约束，防止因为过分超越权限而导致授权立法遭到非议，最终影响授权立法行为的合法性。所以，北京市对授权的承接关键是用好涉及中央政府正常履行职能的授权事项，不宜事无巨细，随意采用授权立法，最终很可能形成一种"首都特权"，很容易影响北京市作为首都的"廉洁形象"。

（二）地方立法保障

1. 北京作为首都的立法事权

（1）保障首都功能实现，建立首都地方立法体系的构想

首都地方立法体系的构建必须紧密回应首都功能

定位的需要，从政治、文化、国际交往和科技创新四个方面加大立法力度，完善立法体系，保障首都功能的实现。其中首都的对内、对外政治功能的立法体系和立法保障是最为核心的内容。除此之外，首都地方立法体系还包括文化立法和科技创新立法两个方面的重要内容。文化立法包括促进文化遗产保护的立法，保障文化交流和发展方面的立法，重点景区保护和管理的立法等；科技创新立法包括人才培养、吸引、交流方面的立法，促使科技成果向生产力转化的立法，科技园区立法等。

（2）北京市承接国家政治任务的地方立法保障制度

首都在承接和保障国家对内、对外政治任务方面，应该着手建立以下法律制度：

一是，制定保障和服务驻京中央党政机关、部队日常运转的机关管理条例，明确北京市政府组织、调度、协调驻京中央机构的办公设施、物资配套、公用设施、水电气供应、住房供给、环境保障、安全保障等设施设备、人员物资的职权职责，使北京市政府能够依法实施机关管理和服务。

二是，出台北京市保障重大国事活动顺利举行的相关立法。中央政府承担的对内、对外政治功能很多都需要北京市政府的联动与协作才能实现，如外宾来访、举办重要国际会议、国事庆典、召开两会等，北京市政府都会承接一定的保障、配合和协作义务，需要在道路交通、公共安全、社会秩序、生产经营、环境保护等方面采取临时性专项行政管理措施，这些措施的出台和实施都需要于法有据，依法进行。

三是，加强和完善北京市突发事件应急管理方面的立法。为了更有效地维护首都稳定，北京市政府应当与中央政府积极沟通协调，建立维护公共安全和社会秩序、处理突发紧急事态以及反恐等方面的应急联动协调机制，并以单项立法的形式，将应急管理机制与体系制度化、法律化。

四是，出台北京市产业调整指南。为了保障首都的政治功能，为了有效承接国家的政治任务，北京市的经济功能必须有合理的限制，其中的一个重要体现就是产业结构调整和产业转移，这就需要一个产业调整指南来引导北京城市产业的合理、有序发展，促进经济和环境的协调、持续发展。

2. 首都立法框架下的京津冀地方立法

（1）京津冀协同发展的立法保障机制

京津冀协同发展的顶层设计，客观上需要三地协同立法。京津冀协同立法是一项重要的推动区域法治建设的机制，是整合区域立法资源优势、增强地方立法总体实效、推动区域协同发展的重要路径。目前，京津冀协同立法主要是通过发挥三地人大立法的职能，在平等自愿的基础上进行合作，对京津冀三地协同发展中的社会公共利益与公共事务作出协调性的安排。

我国于2006年就有跨行政区域协作立法的探索，如《东北三省政府立法协作框架协议》。2014年以来，北京、天津、河北三地人大常委会有关负责人和工作机构频繁进行交流讨论。2015年3月31日，三地在天津召开了协同立法工作座谈会，由天津市人大常委会负责起草文件讨论稿，三地共同修改完善，形成了《关于加强京津冀人大立法工作协同的若干意见（草案）》（以下简称《若干意见》）。目前，《关于加强京津冀人大协同立法的若干意见》已获得三地人大常委会主任会议审议通过。北京、天津、河北人大常委会分别通过并联合发布《若干意见》，这个过程本身就是对京津冀协同立法机制富有成效的创新和实践，其结果更是确立了京津冀协同立法的基本框架和工作机制。例如，在《若干意见》出台之后，《河北省大气污染防治条例》《天津市水污染防治条例》都就污染治理联防联治、处罚标准等方面进行了三地之间的协商沟通。

今后，京津冀三地将构建与协同发展相互适应、相互支撑、相互促进的协同立法机制，加强立法沟通协商和信息共享，在重点领域开展协同立法，注意吸收彼此意见，通过立法破除行政壁垒和地方保护，实现区域一体原则。此外，京津冀立法协同机制还可以包括京津冀立法交叉备案与立法后评估机制、立法工作经验和立法成果交流与共享机制、人大立法干部学习培训交流互动机制，等等。

（2）疏解非首都功能，建立京津冀首都圈立法体系的构想

《宪法》《立法法》《全国人大组织法》《地方组织法》都未对区域协同立法作出明确规定，也未对其法律地位予以正式界定。在这种有实无名的情况下，区域协同立法更多的是在一种相对松散、彼此约束力不强的机制下进行的。也就是说，协同立法本质上是三个立法主体之间的立法协商机制，靠的是京津冀地方人大常委会的自愿，并不具有法定的强制力。一般来说，立法协商机制的正常运行依赖两个方面的条件，一是平等，二是共赢。即协同立法需要区域内各个立法主体在平等和共赢基础上建立信任关系。实际上，虽然京、津、冀属于一个层级的地方行政区域，三地的人大及其常委会的立法权是平等的，但是北京作为首都在政治方面的优势明显，在经济发展方面又遥遥领先，这种不平衡性使得在三地人大协同立法工作中，北京市往往享有对资源的优先配置权，北京的一些决策可以不考虑或者少考虑天津市与河北省的利益，而天津、河北两地则必须优先服务北京、保障北京首都功能的实现。可见，在京津冀协同立法中，平等和共赢的基础难以保障，因此协同立法的效力和效果都存在不足。本报告认为，将京津冀协同立法纳入首都立法体系中的"首都圈管理法"，上升到中央立法的层面，可以比较好地解决上述问题。

京津冀协同发展作为一项国家战略，其主要的目的就是疏解首都非核心功能，与此对应，京津冀协同立法的主要目的也是要让首都圈承载首都非核心功能。首都非核心功能也是首都功能的组成部分，因此京津冀协同立法应该纳入首都立法体系，具体就是京津冀首都圈立法体系。京津冀首都圈立法体系的主要框架和内容包括：首都、首都圈的概念和地域范围；首都区域划分；首都圈建设的主要目标；首都圈管理的体制机制、组织机构、运行程序和职权职责；首都圈管理规划；等等。

（3）**京津冀首都圈的立法事权**

根据《京津冀协同发展规划纲要》的规定和京津冀城市发展的实际需求，京津冀区域立法协同可从以下方面展开：

一是，协同发展的体制机制建设。体制机制是基础性问题，体制机制科学合理，京津冀协同发展才能顺畅。近年来，出台的《关于加强京津冀人大协同立法的若干意见》《京津冀协同发展生态环境保护规划》都是京津冀协同发展体制机制建设取得的成效。如前所述，京津冀协同发展、协同立法仍然存在一些问题和困境，因此体制机制创新仍然是协同发展的重要引擎。

二是，在交通一体化、生态环境保护、产业升级转移等方面率先突破。以生态环保为例：2015年12月30日发布的《京津冀协同发展生态环境保护规划》画定了区域内PM2.5的"红线"，明确了未来几年三地生态环境保护方面的一系列目标和任务；立法实践中，北京、天津和河北在大气污染防治及水污染防治立法方面都以联防联治为目标，进行了颇有成效的工作沟通和立法协商。

三是，在基础设施建设管理、加强人才和其他市场要素流动、资源能源保障和公共服务一体化改革等方面的立法，这是促进和保障京津冀长期、深度协同发展的需要。

刘小妹，法学博士，中国社会科学院国际法研究所研究员，研究方向为宪法学、中国近代宪政思想史。兼任中国宪法学研究会副秘书长、北京市法学会立法学研究会副秘书长。